はじめに

いきなりですが、あなたが本屋の店長になった状況をイメージしてください。

ある日、店に来た挙動不審な男子中学生を見つけました。注意して見ていると、奥の棚から雑誌一冊を手に取り、自分のバッグに入れて万引きしたのを目撃しました。しばらくすると、男子生徒が店外に出ようとしたので声をかけて捕まえました。

その後、あなたは事務室で男子生徒から話を聞くことになりましたが、彼は無言のまま下を向いて何も話しません。また、男子生徒に了承を得てカバンの中を確認すると、他の店から盗んだと思われる文房具や菓子類も見つかりました。これらは、万引きの余罪となる証拠品です。

さて、このような状況で、あなたなら、どうやって彼から真実を聞き出しますか。

ちなみに、店長のあなたは、男子生徒に次のような言い方をしました。


「今回だけは勘弁してあげるから、正直に話しなさい」

「こんなことがバレたら、学校を退学させせられちゃうよ」

「何も話してくれないのなら、もう先生や警察に連絡するしかないよ」

しかし、このように言っても、男子生徒は無言のままでした。

また、余罪と思われる証拠品についても盗品《とうひん》であると推測はできましたが、本人が何も語らないので真実は何もわかりませんでした。

考えてみてください。日常生活において、あるいはビジネスの現場でも、このような場面はよくあるのではないでしょうか？

例えば、親が子供の悪い行為を知ったとき、上司が部下の失敗の報告を受けたとき、社長が取引先のビジネス上のルール違反を見つけたときなど……。

相手に非があることを見抜き、相手の知られたくないこと（＝言いたくないこと）を、どうしたら聞き出すことができるのか？

つまり、相手が秘密にしている隠し事を見破って真実を聞き出す技術をすべて解説することが、本書の目的です。真実を暴いていく技術のことを、筆者が身を置いていた刑事の世界では、「落とし方」と読んでいます。落とし方は、「究極のホンネの引き出し方」とも言えます。これを学ぶと、あなたの立場で接する機会がある会社の部下や顧客・取引先、子供、パートナー、あるいは生徒などからもホンネを言わせることができます。

元知能犯担当刑事が教える

ウソや隠し事を暴く全技術

Mori Yukimasa
森 透匡

日本実業出版社

通常、悪事や過ちを犯していて、やましいことがある当事者は、ウソをついて、その場をなんとか誤魔化《ごまか》そうとします。では、そうしたウソを、どうすれば見抜くことができるのでしょうか？

大丈夫です。本書の中で紹介する、**刑事が現場で使っている「ウソの見抜き方」**を活用すれば、誰でも簡単にウソを見抜くことができます。

また、ウソや隠し事を暴くには、質問の仕方も重要です。核心をついた質問でないと、相手にうまく誤魔化されてしまいます。では、ウソをついている人が最も嫌がるものは何でしょうか？　それは**「証拠」**です。人は、真実を示す証拠を見せられると、ウソをつけなくなります。実は**「証拠こそが、真実を語らせる最強のツール」**なのです。

本書を読んでいただければ、具体的なウソや隠し事の見抜き方、質問の仕方、証拠の使い方、そして「言いたくない真実を白状させる（あるいは、認めさせる）」テクニックを学ぶことができます。

このテクニックを筆者がどこで学んだかと言うと、警察学校で教えてもらったものではありません。筆者は、元知能犯担当刑事として約20年の経験があり、２０００人以上の容疑者や参考人の取調べや事情聴取を行なった経験があります。そうした数多くの取調べや事情聴取を実践していくなかで、身につけてきたテクニックなのです。

取調べや事情聴取を担当する刑事にとって「どうしたら本当のことを話してくれるのか？」というのは大きなテーマでした。しかし、百戦錬磨の刑事でも落とせない犯人が存在します。そのたびに地団駄を踏み、「相手の知られたくないことや言いたくないことを聞き出す技術」を研究してきたのです。つまり、成功と失敗を繰り返して、いろいろなアプローチを試していくうちに見つけ出したのが本書のテクニックです。

筆者が現職のときに、こんな本があったらきっと役に立ったと思います。筆者自身も、実際に取調べのプロであった刑事の「落とし方」というテーマの本を今まで見たことがありませんから、その最初の本が、おそらく本書だと言えるのではないでしょうか。

ですから、現職の若い警察官や刑事には本書を読んでもらいたいのです。

また、相手が言いたくないことを聞き出す立場にある方々、特に企業の経営者、人事担当者、監査役や監査担当者の方々はそういった場面が多くあるので、会社を守るためにも、ぜひ本書で紹介する技術を知ってほしいと思います。ちなみに、浮気の事例も多く掲載していますが、それは浮気が日常生活ではイメージしやすく、わかりやすいからです。決して浮気だけを見破る本ではないので、誤解しないでいただければと思います（笑）。

本書が、あなたの生活やビジネスの一助となれば幸いです。

それでは、ぜひ楽しみながら、「刑事の落とし方」を学んでください。

はじめに

第1章 ウソや隠し事を暴く「刑事の落とし方」とは？

刑事は相手が知られたくない真実を聞き出すプロ……14
⦿刑事はコミュニケーションの専門家 ⦿一般社団法人日本刑事技術協会の設立
「刑事の落とし方」を身につけると役に立つ人……17
憧れの刑事という仕事……19
山あり谷ありの取調べ……21
⦿初の取調べはレンタカーの横領事件 ⦿多額詐欺事件の意外な展開!?
⦿選挙違反事件で町会議員が徹底否認した理由 ⦿地位が高い被疑者の取調べは「証拠がすべて」
⦿談合事件で経営者の気持ちになる
真実を聞き出すにはテクニックが求められる……34
刑事の雑談① 36

第2章　誰でも知られたくないことがある

なぜ、知られたくないのか？……40
人が本心を誰かに話したくなるときの理由……42
相手から本心を引き出す方法……44
(1) 自己開示しやすい場所をつくる　(2) 集団圧力を下げる　(3) 安心できる場をつくる
(4) お互いの関係性を深める　(5) 段階的に自己開示させる　(6) 相手の自己開示を受け止める
(7) 返報性を活用する　(8) 相手の反応を観察して心理を読む
刑事の雑談② 66

第3章　信頼関係を築くと、人は話したくなる

話したくなるのは信用できる人……70
共通点があると人は心を開き、いずれ信頼が生まれる……70
相手に信頼されるためには？……73
⦿見た目を意識する　⦿相手に興味を持つ　⦿相手の立場になって接する　⦿あえて弱みを見せる
⦿小さな約束を守る　⦿ブレない軸を持つ

刑事が「信頼できない」と判断する人のタイプ……90
◎ウソをつく人（■話し方に現れる19種類のウソのサイン　■しぐさに現れる10種類のウソのサイン）
◎感情を露わにする人　◎「絶対」を多用する人　◎責任転嫁をする人　◎気まぐれで一貫性がない人
刑事の雑談③　114

第4章 「刑事の落とし方」のポイント

刑事はどうやって落とすのか？……118
取調べは最初が肝心……118
◎第一印象の操作　◎古くからの友人をイメージして接する　◎誠実に、そして紳士的に対応する
取調べモードへの入り方……123
◎話す内容より話し方に注意する　◎怒鳴っても敵対心を煽るだけ　◎ストレートな言葉づかいは避ける
負うべき責任を逃がして心理的負担を軽くする……130
◎相手の過ちを非難せず、その理由を考える　◎同じような過ちを犯す人は他にもいる
◎社会やシステムが悪いことを原因にする
「未来」は考えさせない……136
相手が一番恐れていることを知る……139

自尊心を踏みにじらない……141
味方だと思わせる……144
オウム真理教事件における警視庁刑事の取調べ……145
◉初期の取調べから紳士的に扱った　◉オウム真理教について批判しなかった
◉自ら心を開いて接した　◉取調べの姿勢を一貫して変えなかった
◉犯罪者ではなく、一人の人間として接した
刑事の雑談④　150

第5章　真実を語らせる証拠の集め方と使い方

ウソをつく人が恐れるもの……152
犯人は現場になぜ戻るのか？……156
浮気はこうして暴かれる!?　～証拠の集め方と使い方のケース……162
◉真実を語らせる証拠の種類　◉証拠をどう集めるのか？
◉証拠が足りない場合には「泳がす」　◉証拠の整理と事実の組み立て
◉証拠を使ってウソを暴く　◉「すべて知っている」と思わせる
◉悪事は罪の軽いものから話す　◉証拠の数で追及の方法は変わる？

⦿証拠を示す場合は「後出しジャンケン」
刑事の雑談⑤ 193

第6章 疑惑の人物を追及して落とすスキーム

相手の知られたくないことを聞き出す手順……196
会社の不祥事を社内で調査するときの基本的な手順……198
(1) 疑惑の発覚 200
(2) 証拠の収集・保全 200
⦿証拠の収集・保全の状況を記録する ⦿パソコンや携帯電話などの情報通信機器を証拠化する
⦿会社内のロッカーや引き出しの中の証拠品の扱い方
⦿デジタルフォレンジック業者の活用による電子データの復元
⦿電子データのバックアップとハードコピーの作成
(3) 容疑性の判断および調査継続の判断 208
(4) 仮の処理方針の決定 212
(5) 関係者のヒアリング 215
⦿ヒアリングを行なうのは誰か？ ⦿ヒアリングの場所、環境、人数
⦿ヒアリングのタイミング ⦿ヒアリングの手法

(6) 最終処理 230
会社で不正行為が発生する条件……230
課長と部下の社内不倫　～事例で学ぶヒアリング術……231
●容疑性に応じた質問方法
刑事の雑談⑥ 248

第7章　日常生活やビジネスの現場で怪しい相手を落とすケース

(1) 万引きをした中学生 252
(2) 友達の物を奪った子供 257
(3) 浮気をした夫 261
(4) 採用面接での経歴詐称 266
(5) 会社の商品を横領した社員 269
刑事の雑談⑦ 274

おわりに 276
参考文献 278

イラスト　小島サエキチ
装丁　志岐デザイン事務所（萩原　睦）
本文DTP　一企画

第1章

ウソや隠し事を暴く「刑事の落とし方」とは？

刑事は相手が知られたくない真実を聞き出すプロ

刑事ドラマでよく見るシーン。それが「**取調べ**」です。机の上にあるライトを顔に当てて「おまえがやったんだろ!!」——。夕日が入る取調室の窓のブラインドを下げて「田舎《いなか》のお母さんは元気か?」なんていうシーンもあります。

怒鳴ったり、すかしたり、あの手この手を駆使して自供に追い込もうとしている刑事と犯人（正確に言えば、被疑者あるいは容疑者）のやり取りは刑事ドラマの醍醐味《だいごみ》でもあります。しかし、実際の取調べの現場は、刑事と犯人と一対一の戦いでもあり、過酷です。犯人が簡単に事実を認めてくれたらいいのですが、徹底的に否認したり、黙秘したりする者もいます。刑事は取調室の中で孤独に戦っているのです。そして、まさに「**相手の知られたくないこと=言いたくないことを聞き出す**」ことが刑事の仕事なのです。

⊙刑事はコミュニケーションの専門家

さて、まずは自己紹介をしましょう。筆者は現在、一般社団法人日本刑事技術協会（日刑協）の代表理事を務めています。前職は警察官であり、２０１１（平成23）年８月まで奉職し、そのうち刑事を約20年間経験しました。刑事と言っても主に詐欺、横領《おうりょう》、贈収《ぞうしゅう》賄《わい》事件などを担当する知能犯や経済犯を担当する部署に長く在籍していました。

筆者が独立を決意した理由は、東日本大震災です。当時、広域緊急援助隊の中隊長として勤務していましたが、発災直後から福島県に派遣され、福島第一原子力発電所の放射能が漏れているなか、行方不明者の捜索を指揮しました。過去にもいろいろな現場に足を運んだ経験のある筆者ですが、「１０００年に一度の震災」と言われるその現状に衝撃を受けました。「昨日まで普通に生活していた人たちに、まさかこんなことが起こるなんて……」。この年は何度も東北に足を運んで、捜索活動に従事することになりました。

そして、数々の凄惨な現場を見ているうちに「明日があるのは奇跡かもしれない」「人生は一回きりだし、生きているうちに挑戦するのもおもしろいのではないか」と、自分自身の生き方を考えるようになりました。警察官として長く奉職していましたが、「もっと自分には違う可能性があるのではないか？」「自分の能力を一般社会の中で試してみたい」と常日ごろから思っていたからです。そして、この震災体験をきっかけに一大決心のもと、２０１２（平成24）年12月に独立しました。

独立するにあたり、思いついたのは「刑事のスキルや知識を活かして社会に貢献したい」ということでした。刑事の仕事をひも解いてみたときに「**コミュニケーションの専門家**」

であるということが思い浮かびました。刑事は職業柄、とにかくいろいろな職種や立場の方と接します。「犯人の取調べ」「事件現場での住民に対する聞き込み」「目撃者からの事情聴取」など、捜査活動の中でどうしても必要となるのが対人コミュニケーションです。そして、相手の心理を読んでウソを見抜いたり、また、相手が言いたくないことを聞き出したりしているのです。このスキルは、世の中の幅広い職業に活かせるのではないかと思ったわけです。

独立後は東京や千葉で地道に自主開催セミナーを行なって下地をつくり、現在は業界団体や経営者の会などに呼んでいただき、全国で年間180回以上の講演・研修を行なうようになりました。これまでの聴講者は7万人以上になり、聴講した皆さんから「刑事のスキルは役立つ!」「究極の心理学だ!」「実体験から得たスキルは興味深い!」などと感想をいただいています。

⦿一般社団法人日本刑事技術協会の設立

そして、2019(令和元)年7月、刑事が現場で培ったコミュニケーションスキルをさらに世の中に広める目的で一般社団法人日本刑事技術協会を設立しました。筆者一人で広げるのには限界がありますので、筆者と同じ志を持つ元刑事を集めて、それぞれの専門分野で培ったスキルや知識を世の中に広めていきたいと思ったからです。お陰様で、筆者とは異なる専門分野の元刑事を数人スカウトして活動を活発化させているところです。

筆者は知能犯担当の刑事でしたが、刑事でも専門分野が違えば筆者とは異なる知識や経験を持っています。ですから、民間企業の様々な悩みを解決し、幅広くユニークな事業を展開することができるのではないかと多いに期待しているところです。

「刑事の落とし方」を身につけると役に立つ人

この本は、筆者にとって2冊目となります。前作『ウソと心理の見抜き方』（明日香出版社）で執筆したウソや人間心理を見抜く方法は、刑事の世界では必須の基本的なスキルですから、まずはそのスキルを広めたいと思ったからです。

そして、今回は**「刑事の落とし方」**をテーマに書くことにしました。

ちなみに、ここで言う「落とし方」とは「完落ち」を意味します。丁寧に説明すると、**「心から完全に反省をして真実を言わせる方法」**ということです。心から反省をして真実を話し、罪を償ってほしいというのが取調べをする側の刑事の願いです。

ですから、刑事と被疑者と言うよりは、人と人との心の触れ合いを大事にして、素直に話してもらう方法をお伝えしていきたいと思っています。

ところで、人間は誰にでも言いたくないこと、話したくないことがあります。それに対して、相手に言いたくないことを言わせなければならない職業や立場があります。

まず、職業としてはどうでしょうか？　その筆頭は、まさに**警察官**や**刑事**ですよね。刑事が取調べをする相手は、被疑者（ほとんどが犯罪者）です。実際に罪を犯した犯罪者は刑罰を恐れていますし、自分の罪を少しでも軽くしたいと思えば素直に事実を言わなくなります。また、**国税調査官**もそうでしょう。税金を誤魔化している経営者はウソばかり言うからです。それから、空港などの**税関検査官**もそうです。密入国や密輸入しようとする旅行者は当然ウソを言いますよね。

一方、立場としてはどうでしょうか？　例えば、会社の上司はミスをした部下から、その理由を聞くときがあります。でも、部下は責任逃れをして本当のことを言わないかもしれません。また、社員の不正などを監視する**監査部門の担当者**や**監査役**、さらに**人事担当者**もそうです。それからお父さん、お母さん、**学校の先生**もそうですよね。悪いことをした子供はなぜ、そんなことをしたのか、真実を誤魔化そうとするかもしれません。

このように、私たちの仕事や日常生活を振り返ってみると、相手に非があって、それを認めさせたり、真実を聞き出したりしなければいけない職業や立場があり、そのような機会が実は意外に多いのです。しかし、そうしたテクニックを教えてくれる人はなかなかいません。「ならば、私が教えましょう」ということで、本書を執筆することにしたのです。

本書で紹介するテクニックは、違法行為、反道徳的な行為など相手に非があって言いたくない場合はもちろん、そこまでは至らないような隠し事、例えば会社や同僚、交際相手に対する不満など**「ホンネを引き出す方法」**としても活用することができます。それができれば、多くの人とより良いコミュニケーションが取れるようになり、円滑な人間関係を築く助けにもなります。

憧れの刑事という仕事

筆者がそもそも警察官になったのは、幼いころから「刑事になりたい」と思っていたからです。幼いころの刑事ドラマと言えば、〝ボス〟こと藤堂係長（石原裕次郎さん）を中心とした警視庁七曲警察署の刑事たちの活躍を描いた「太陽にほえろ」や警視庁Gメン本部で黒木警視（丹波哲郎さん）を本部長とした「Gメン75」でしたが、悪と戦う刑事の活躍をテレビ画面で見て、勝手に刑事への妄想を膨らませ、警察官の道へと進んだのです。

そして、23歳で巡査部長に昇任した筆者は、県下では中規模の警察署に異動になりました。その警察署には、たまたま知能犯罪を扱う捜査二課出身の有名なK副署長が所属されていました。署員の飲み会の席でしたが、K副署長が筆者の隣に来て「知能犯は興味あるか？」と聞いてきたのです。当時の筆者は刑事の仕事の細部までは知らなかったので、「知能犯ですか？」とキョトンとしていました。しかし、その後、K副署長は「今度、刑事課に空きがあったら推薦しておくからな」と言ってきたのです。

そのとき、筆者は「え？　本当ですか？」と少し困惑しました。なぜなら、まだ刑事登用のための部内の試験も受けていませんでしたし、刑事なんてまだ先の話だと思っていたので寝耳に水だったからです。今、思えば、副署長は、若くして巡査部長試験に合格した筆者を見て、知能犯担当刑事が適任だと思ったのかもしれません。

その同じ年の秋、副署長の推薦もあり、交番勤務の地域課から刑事課の知能犯係に配属されました。階級こそ巡査部長でしたが、23歳の右も左もわからない若造が刑事として仕事をするようになり、妙な緊張感があったのを30年経った今でもよく覚えています。

ここから、筆者の刑事としての奮闘が始まりました。知能犯罪とは、財産犯（財産権を侵害する犯罪の総称）の中でも詐欺、横領、背任《はいにん》などの罪名を言います。捜査対象者が、詐欺師、経営者、役所職員、政治家などであり、捕まえる側の刑事もそれ以上に頭を使わなければ勝てません。高度な詐欺事件や民事事件絡みの横領事件、また公共工事を巡る贈収賄事件などの扱いは毎日が勉強であり、新しい学びがあったのです。

一方、刑事になると、人から話を聞く機会が多くなりました。相手が持っている情報を引き出すために、取調べや事情聴取を行なうからです。警察の捜査対象者というのは、「できれば話したくない」と思っている人がほとんどです。つまり、相手が言いたくないと思っていることを聞き出さないと、事件を解決するという目的を達成することはできません。したがって、「相手の言いたくないことをどうやったら聞き出すことができるのか？」ということは、刑事の筆者にとって大きな課題となったのです。

山あり谷ありの取調べ

⦿初の取調べはレンタカーの横領事件

筆者が所轄《しょかつ》の警察署（以下、「所轄」）の刑事になって初めて取調主任として担当した事件、それは忘れもしない「レンタカーの横領事件」でした。「レンタカーの横領？　そんな事件なんてあるの？」と皆さんは思うかもしれませんが、所轄では軽微犯罪から始まって本部の応援を要するような大事件まで大小様々な事件に対応します。そして、ほとんどの刑事は、まず所轄の刑事課で取調べを体験し、その技術を磨いていくのです。

この事件は、某駅前のレンタカー会社で普通乗用車を借りた男性が、期限を10日以上過ぎても返却することなく、乗り回していたという事案です。レンタカー会社の担当者が警察署を訪れ、「レンタカーが期限を過ぎても返却されないので困っている」という被害届けを受けて捜査を開始しました。ご承知のとおり、レンタカーを借りるときには運転免許証を提示するので、犯人はすぐに特定されました。そして、管轄の裁判所に逮捕状を請求して発付《はっぷ》を受け、本部を通じて全国に指名手配をしました。

その数日後、他県でそのレンタカーを運転しているところを確保されて、犯人は捕まりました。護送されてきた犯人は、無職の40代の男性Tでした。筆者が刑事として初めて取調べを担当したのが、このTでした。初めてとは言っても、被疑者に初心者という素振りは見せられないので、刑事としてそれ相応の対応を心がけました。

まずは護送されてきた被疑者Tを受け入れ、取調室で逮捕手続きをしていきました。逮捕時に聞く「弁解録取《べんかいろくしゅ》」では、「レンタカーを返却せずに横領したことは間違いありません」

と全面的に罪を認めました。ここで否認されると、取調べを行なう刑事としては「どうやって認めさせるか？」という課題が重くのしかかってくるので、最初の課題をクリアしてほっとしました。車を返却しなかった理由は、「所有している車もなく、足替わりに使いたかったから」という、あまりにも身勝手な言い訳でした。

その後、被疑者Tは警察署の留置所に勾留《こうりゅう》され、取調べを連日行ないました。レンタカーを借りた理由、経緯、返却期日が来たのになぜ返却しなかったのか、どこに行き、何をしていたのかなど、事実関係を細かく聞いていきました。この男は、陶芸が趣味で全国の陶芸家の釜を見て歩いているうちに返却期限を過ぎてしまい、足もなかったのでレンタカー会社に連絡することなく、乗り回していたということでした。遠方の新潟県にも足取りがあったので裏付け捜査のため、初めて新潟県に出張で行きました。そのときは、捜査用車両で上司と行ったわけですが、刑事として初めての県外の宿泊を伴う捜査となりました。

被疑者は年齢的には筆者より随分年上でしたが、抵抗することもなく、取調べには素直に応じ、筆者としては拍子抜けするくらい楽な取調べでした。

そもそも知能犯罪というのは面識犯、つまり犯行するにあたり、被害者と対面する機会があるため、顔が割れているケースがほとんどです。この横領事件もそうですが、運転免許証で身分を明かして、受付で顔をさらして対面して手続きをし、レンタカーを借りているわけで、犯人が誰か明らかなので、当の犯人も否認しにくくなります。

そのため、全般的に知能犯罪の取調べでは、〝完全否認〟というのはなかなかなくて、犯行に至った原因、理由、そして趣旨などを偽って罪を軽くしようとしたり、罪を逃れたりすることのほうが多かったように思います。

例えば、贈収賄事件では「お金をもらったのは間違いないが、趣旨は便宜を図ったお礼ではなく、以前貸したお金の返済だ」というのが〝趣旨否認〟です。こうしたケースでは、関係者から金の貸し借りの裏づけを取って事実がなかったことを明らかにして、趣旨を認めさせることになります。否認にも、いろいろな形があるのです。

いずれにしても、初めて担当する取調べは思いの外、苦労することなく、余罪もなかったため、本件のみの捜査で終結しました。

◉多額詐欺事件の意外な展開!?

そのレンタカーの横領事件からしばらくすると、数千万円の多額詐欺事件が発生しました。届け出をしてきた被害者は中学校の女性教師でしたが、昔の教え子の女子生徒に騙《だま》されたという話でした。事情を聞くと、数年ぶりに中学校に勤務時代の教え子から連絡があって会ったところ、「父親がガンになり、手術費用が必要になったのだが、先生しか頼る人がいない。なんとか工面してもらえないか」と泣きつかれて数百万円を渡してしまった。しかし、その後、返済を求めても誤魔化すばかりで、そのうちに連絡が取れなくなった。よくよく調べたところ、父親の手術の話はすべてウソであり、騙されたということがわかったというのです。この事件では、他の被害者からも同様の届け出があり、余罪も含めて合計数千万円という被害額になりました。

被害者の届け出を経て、所要の捜査を行なった結果、逮捕したのは当時の筆者と同年代の20代の女性Mでした。その後の取調べでは、金を騙し取ったことは素直に認めました。しかし、騙し取った理由と金の使途先については頑として話しませんでした。詐欺事件の立件には、犯行の理由となった動機、そして金の使途先を明らかにする必要があります。そのため、筆者も連日の取調べで犯行の理由と金の使途先を追究したのですが、なぜかMは、その点についてははぐらかして、なかなか事実を明らかにしませんでした。

そこで筆者は、Mと年齢も近いこともあり、学生時代の部活の話や恋愛の話など事件とは関係のない話題で、**心の距離を縮める作戦**をとることにしました。数日を経て、Mは徐々に心を開くようになり、「実は、騙し取ったお金はすべて交際中の男性に渡しました」と自供したのです。

若い女性の横領事件や詐欺事件には男の影があることはよくある話ですから、筆者もそのような可能性も視野には入れていました。しかし、その男性から金を無心された理由を聞くと、「彼が政府のスパイをしていて、その調査のために金が必要だった」という驚きの話をしたのです。それは言うまでもなく、交際男性のウソでした。実は、Mも騙されているのではないかと思いつつ、金を渡し続けていたと言うのです。Mとしては、理由が理由だけになかなか言い出せなかったようでした。また、何よりも彼女には交際男性に対して強い恋愛感情があったので、その男性のことを悪く言いたくなかったのです。

その後、先ほどの供述をもとに、交際男性を警察署に呼び出して取調べを行ないました。しかし、Mに対して詐欺行為をするように具体的に指示したわけではなく、共犯関係を問うことはできませんでした。また、M自身にも交際男性への恋愛感情があり、被害者意識はなく、残念ながら事件としての立件はできませんでした。

警察署の刑事時代には、その他、無銭飲食の常習者による詐欺事件などの小さな事件から反社（反社会的勢力）が絡む賭博事件やノミ行為事件、チンピラの傷害事件、会社員による強制わいせつ事件、本部が応援に入った殺人事件での関係者の取調べや事情聴取を担当し、「どうしたら、相手が言いたくない真実を聞き出すことができるのか？」という課題にぶつかっては、あらゆる方法を駆使して、そうした課題を解決していったのです。

また、筆者が警部補に昇任した後に異動した県警本部の捜査第二課では、所轄の警察署では扱わない被害額の大きな事件、政治家や役人が絡んだ複雑な事件での取調べも行なうようになりました。本部の刑事は所轄では扱わない複雑で困難な事件の取調べを担当することになるため、取調官として高い能力が要求されます。ですから、その技術を磨く絶好の機会を得ることができたのです。

◉選挙違反事件で町会議員が徹底否認した理由

ある選挙違反事件では、町会議員の取調べを担当しました。選挙の会合で同じ会派の議員が集まった際に、出席した数名の議員全員に現金入りの茶封筒が配られ、投票依頼をしたという買収事件でした。

筆者が担当したのは、過去に議長も経験した70代の男性議員でしたが、当時30代前半の筆者からしたら祖父みたいなものです。この年齢差が取調べにどう影響するのか、難しいところではありました。取調べの初日、自宅から任意同行に応じた被疑者を取調室に入れて取調べは始まりました。ある程度の信頼関係を築いたうえで核心に迫っていきます。

「会合で茶封筒をもらいましたか？」

この直球の質問に対して「もらっていない。そんな覚えはない」と、最初から徹底否認の状態でした。

その後も「金はもらっていない」の一点張りで、任意の取調べが2日、3日と過ぎていきました。他の議員らの供述などからも、その会合で金銭の授受があったことは間違いないのです。しかし、筆者が担当する、この被疑者だけは一向に認めませんでした。取調官としてのプレッシャーを感じる全面否認だったのです。取調官も組織の人間ということもあって、上司から「頼むぞ！」と一心に期待を受けて取調べを担当しています。したがって、「なんとかして落とさなければ……」という心理的なプレッシャーから押しつぶされそうになります。しかし、強引な取調べはできません。

これには、筆者も頭を抱えてしまいました。取調室での長い1日を終えて深夜に自宅に帰っても食事が喉を通りません。眠らなければいけないと思って布団に入っても、被疑者の顔が浮かんできます。毎日、顔を突き合わせていますから当然です。取調べ以外の時間でも「なぜ話してくれないんだろう……」と、頭から離れない日々が続きました。

ただ、筆者が心がけていたことは、被疑者に対して誠実に対応するということでした。彼は被疑者ではありましたが、人生の先輩であり、町会議員として政治家として町に貢献してきた実績も十分ありました。また、高齢で疲労も溜まっていたとは思いますが、逃げ隠れすることなく、ある意味、真面目に事実に向き合おうと連日、警察署に出頭もしてきていました。彼も体力的、精神的にきつかったことでしょう。ですから、筆者は言葉づかいもあえて敬語を使い、名前も「さん」づけで呼び、見下すこともなく、時には厳しいことも言ったとは思いますが、誠実な対応を続けたのです。

そうした任意の取調べが5日目になって、彼は「刑事さん、お金をもらいました」と、やっと現金の授受を認めて自供に至ったのです。筆者は、肩の荷が一気に下りて「そうでしょう。やっと認めてくれましたね」と言うと、彼は次のように返答しました。

「刑事さんには悪いと思っていたんだよ。ずっと紳士的に扱ってくれていたしね。早く認めないといけないとも思っていた。でも、自分から先に話したくなかった。他の議員が全員話したのを知って認めることにしたんだよ」

彼は立場上、自分から真実を言い出すことができなくて、タイミングを見計らっていたのです。「そんな理由だったのか……」と、筆者は正直、空いた口が塞がりませんでした。しかし、真実を言いたくない人の理由は様々であり、その人の立場や抱える悩みなどでも大きく変わります。自供させるまで本当に苦労しただけに、取調べの難しさを痛感した事件でした。

⦿地位が高い被疑者の取調べは「証拠がすべて」

これもある選挙違反事件でしたが、県議会議員の取調べを担当することになりました。ある選挙前の会合で候補者を支持する関係議員が集まり、その場で投票依頼の趣旨で現金を受け取ったのではないかという疑惑でした。

しかし、この事件では関係者の不確かな供述程度で証拠が乏しく、取調べを行なう前の段階では「事件の立件は難しい」と判断されていました。

筆者が某警察署に呼び出した県会議員の50代の男性は、証拠が乏しいのを知っているのか、知らないのか、当初から不満気な様子でした。筆者から簡単に自己紹介をして、取調べの趣旨も説明し、話を聞き出そうとすると、「なぜ、こんな取調べをされるのか意味がわからない」「昨日は（県警の）本部長とも議会で一緒だったよ」などと、逆に筆者に圧力をかけるような発言もしてきました。終始、「その会合に出席されたんですよね？」「出たよ。だけど、金なんてもらっていないよ」といった、やり取りが続きました。

筆者個人の感触としては、「火のないところに煙は立たないし、金をもらってもおかしくない場面だし、現金を受け取ったのは事実ではないか？」と思っていました。しかし、取調官としては、それ以上追及するためのネタがないわけです。

結果的には、任意の取調べで証拠も乏しいこともあり、取調べらしいことを何もできずに帰宅させるという結果になってしまいました。

この事件はその後、筆者が取り調べた県会議員までたどり着くことができずに、捜査を終結しました。完全な敗北でした。その教訓として思ったのは、**真実を認めさせるには、やはり「証拠がすべて」**だということです。証拠が乏しい事件では、取り調べる側も追及が甘くなりますし、被疑者を自供に追い込む手立てが限られてしまいます。

特に、著名人や大物政治家、経営者など社会的地位のある人を取り調べる場合、相手が上手《うわて》で、顧問弁護士や有識者に相談してから取調べに応じるケースもあります。また、病気を理由に、病院に緊急入院して逃げ込まれてしまうこともあります。そうなると、追及はかなり困難になってきます。証拠価値を十分吟味して取調べの綿密な計画を立て、方針も考えていかないと、なかなか真実を自供させることはできないのです。

筆者は数々の政治家の取調べも担当しましたが、「市民、国民の代表」という意識が強い政治家は、証拠がないとなかなか自供させるのは困難でした。したがって、**取調べに着手する前に内偵捜査をしっかり行ない、どれだけ多くの証拠を得ることができるか、これに尽きる**わけです。「事実を解明するためには証拠が必要である」、悔しい思いをしたからこそ、それを肌で感じた事件でした。

◉談合事件で経営者の気持ちになる

ある談合事件では、市が発注した公共工事の入札で談合を行なったメンバーである建設会社の経営者Yの取調べを担当しました。談合とは公共事業などの競争入札において、競争するはずの業者同士があらかじめ話し合って協定し、高額な落札や持ち回りでの落札によって、業界全体で利益を不正に分け合うことを言います。

談合罪にはもちろん刑法上の罰則がありますが、業者は「共存共栄のため、また会社を守るためには仕方がない」などとよく言います。もし、事実関係を認めたら刑事罰はもちろんのこと、行政処分としても自治体から指名停止措置を受けますし、信用の低下による業績不振など、様々な社会的制裁を受けることになります。そのため、**経営者は「会社を守るため」という大義名分から否認する**ケースが多々ありました。

案の定、筆者が取り調べたY社長も任意の取調べを始めた初日から否認していました。筆者は否認する相手には否認する理由が必ずあると思っていたので、それを探るべく、次のようにコミュニケーションを取ることを考えました。

まずは、会社の経営状態について、また社長としての日々の仕事について根掘り葉掘り聞いていったのです。談合は、自分のためというよりも会社のための犯行ですし、経営者としての考え方を知りたかったからです。

Y社長は創業者でしたが、独立して数年後に資金繰りに窮して会社が潰れる寸前だったことを話してくれました。また、数年前には信用していた部下に裏切られて金を持ち逃げされたという話もしてくれました。その他、社長としての苦労話をいろいろと聞かせてくれたのです。筆者はただただ頷きながら、その話を聞いていました。そして、「今いる社員は家族同然であり、会社を潰すわけにはいかない。社員を路頭に迷わすわけにはいかない」とホンネを話してくれました。いろいろ話を聞いていくうちに、否認の理由は「会社を潰すわけにはいかない」という思いが一番の原因であることがわかってきました。

筆者は、経営者としてのY社長の考え方に共感しました。自分が立ち上げて成長させてきた会社を、この事件で潰すわけにはいかないと思うのは当然のことです。筆者には過去にも談合事件で取調べをした経験があったので、「実際に社長が検挙された会社が今どうなっているか」「その社長が、どうやって窮地を乗り越えて立て直したか」といったことも彼に話していきました。以前、検挙されて筆者が取り調べた社長とは、その後にも交流があったので、その会社を立て直した経緯をよく知っていたからです。

なぜ、そのような話をしたのかと言うと、同じ境遇の社長が会社を立て直した経緯を知ることで、自供の妨げとなっている不安感を取り除きたかったのです。「捕まったとしても会社は社長次第、簡単には潰れないよ」ということが言いたかったのです。

時間が経つにつれ、柔和な顔になったY社長は、「刑事さん、話し合い（談合）はありましたよ」と事実を認めたのです。この犯罪については「会社の利益のために」という目的があったので、経営トップとしての心に触れて接していくことによって、真実を語らせることができたのです。

罪を犯してしまう人間には、その人にしかわからない理由なり、原因が必ずあります。ですから、相手の立場になって、相手の気持ちを考えてみると見えてくるものがあります。取調べというものは、犯行時の犯人の諸事情を理解して当時の犯人の気持ちを推測し、どうしてそんなことをしたのか、その理由を読み取ることが一番大事なのです。

真実を聞き出すにはテクニックが求められる

筆者は多くの取調べを経験するなかで、相手が言いたくない真実を聞き出すにはテクニックが必要だと思うようになりました。刑事になり立てのころは先輩刑事の補助官として取調室に入ることもあり、「どうしたら落とせるのか？」という視点で勉強をしました。

ひと言で取調べと言っても、怒鳴り散らして相手を威嚇《いかく》して取調べをする刑事もいましたし、子供を諭すように静かに寄り添う刑事もいました。また、理詰めで矛盾点を徹底的に追及していく刑事もいました。しかし、どれも一長一短があり、「確実に落とせる方法はない」ということにも気づきました。刑事が取り扱う事件は、罪名、犯人の性格、人間性、背景事情、動機も様々なので当たり前と言えば、当たり前です。**「こうすれば、必ず落ちる方法」など、世の中に存在しない**のです。

ですから、筆者も取調べの前夜は「どんなアプローチをしようか？」「どうやって核心に近づいていこうか？」などと、事件を担当するたびに毎回、頭を悩ませました。しかし、場数を踏んで研究を重ねていくうちに、「落とし方」には注意すべきポイントがあるということがわかってきたのです。そのポイントは、第3章および第4章で詳しく紹介します。

刑事の雑談①

Q **刑事ドラマを見ていると、取調べの場面で犯人の胸ぐらを掴んで罵声《ばせい》を浴びせたり、机の照明器具を顔に向けて光を当てたりする場面があります。あのような取調べが実際に行なわれているのでしょうか？**

A 取調べは取調室という密室で行なわれるため、昔から取調官の取調べを管理しにくいという課題がありました。実際に、取調べを行なう刑事が被疑者の口を割らせるために強引な（暴力的な）取調べを行ない、それが問題になったケースが多々あったわけです。

そこで、警察では被疑者取調べの適正化に資することを目的として２００９（平成21）年４月に「被疑者取調べ適正化のための監督に関する規則」を施行しました。この規則の中で監督対象行為というものが定められ、次の６類型の行為を禁止しました。

・やむを得ない場合を除き、身体に接触すること
・直接または間接に有形力を行使すること
・殊更に不安を覚えさせ、または困惑させるような言動をすること
・一定の姿勢または動作をとるよう不当に要求すること
・便宜を供与し、または供与することを申し出、若しくは約束すること
・人の尊厳を著しく害するような言動をすること

ちなみに、1つ目の「身体に接触すること」とは、被疑者を殴打する行為が該当することはもとより、例えば被疑者の肩を掴む行為も該当します。また、2つ目の「直接または間接に有形力を行使すること」としては、例えば被疑者に対してノートなどを投げつける行為や、誰も座っていない椅子を蹴り上げる行為などが該当します。さらに、3つ目の「殊更に不安を覚えさせ、または困惑させるような言動」とは、例えば被疑者に対して「自白しないと家族を逮捕する」などと脅すような行為を言います。

またさらに、5つ目の「便宜を供与し、または供与することを申し出、若しくは約束すること」としては、例えば接見禁止中の被疑者に取調室内で携帯電話により外部と連絡さ

せたりする行為等が該当し、6つ目の「人の尊厳を著しく害するような言動」としては、例えば被疑者やその家族などの身体的特徴をあげつらったり、その信条や思想を侮辱したりする行為等を言います。

したがって、冒頭の質問のように「犯人の胸ぐらを掴んで罵声を浴びせ」る行為は、監督対象行為となり、取調官が処分される可能性があります。

なお、「机の照明器具を顔に向けて光を当てる」ということは、現実的にはあり得ません。なぜかと言えば、机の上に照明器具を置かないからです（笑）。

照明器具のような物があると、被疑者に手に取られて逆に殴られたりする可能性もあるので、受傷事故防止の観点から机にはパソコンや筆記具以外の凶器になるような物は置かないように指導されています。

つまり、刑事ドラマはあくまでドラマの中の世界である、と考えてください。

第2章
誰でも知られたくないことがある

なぜ、知られたくないのか？

私たち人間には、多かれ少なかれ、他人には知られたくないこと＝言いたくないことがあります。そして、それを「言いたくないとき」や「言いたくない場所」があり、そもそも「言いたくない相手（例えば、恋人や結婚相手、会社の同僚など）」もいます。

つまり、いつ、どこで、誰に話すかというのは、知られたくないことがある人にとって非常に重要ということがわかります。

例えば、会社で仕事をしていたあなたが「今日は早く帰って○○のテレビを見よう」と思っていたとします。就業時間終了のチャイムが鳴り、「よし、急いで帰ろう」と思った矢先に直属の上司から「ちょっといいかな？」と執務室にある応接セットに座るように促されました。「はい、なんでしょう？」と言ってソファーに座ると、「実はね、折り入って聞きたいことがあるんだよ。今のプロジェクトの件なんだけど、リーダーは○○でいいのか、進め方に問題はないのか、あなたの率直な意見を聞きたいんだよね」と、何やら込み入った話をし始めました。

このときのあなたの気持ちは、聞かなくても筆者にはわかります。「なんだよ、帰り際にそんな話かよ、参ったな。早く帰りたいんだけどな……」、そんな気持ちで上司と会話をするのではないでしょうか？　しかも、その上司は日ごろから部下に慕われておらず、仕事もできない上司だったとしたら、どうでしょうか？

話をしていてもイライラするし、帰るタイミングを計りだすかもしれません。どう考えても、あなたが「本心」を話すとは思えません。

つまり、こんな状況では、人は本心などの知られたくないこと、言いたくないことを話すはずはないということです。

このケースにおいて環境面から考えてみましょう。まず「場所」ですが、執務室では「隣の席の社員が聞き耳を立てているかもしれないので話したくない」という気持ちになります。また、「時間」という視点で見ると、「退社間際、かつ用事があって早く帰りたいと思っているので話したくない」という相手にとって迷惑な時間と言えます。さらに、「話をする相手」ということになると、「信頼していない上司には話したくない」ということになります。

したがって、部下からホンネを聞いたり、言いたくないことを言わせたりするには、**場所、時間などの環境面、さらに誰が聞くのかについても考慮しなければならない**のです。

刑事の仕事はまさに「言いたくない真実を言わせることである」と説明してきましたが、

どうやってその条件を整えて真実を言わせるようにするのか、基本的なポイントを説明していきたいと思います。

人が本心を誰かに話したくなるときの理由

誰にも知られたくないことや言いたくないこと、例えば本心を話すということは「**自己開示**」することになります。自己開示とは、自分の性格や身体的特徴、考えていること、感じていること、経験や境遇など、自己の性質や状態を表す事柄を他者に話すことを言います。人は心を開いて初めて本心を話します。刑事は仕事柄、いつも、どうすれば相手に心を開いてもらえるかということを考えて接しています。

自己開示については、心理学の分野である程度の研究が進んでいますが、ここでは『自己開示の心理学的研究』（榎本博明著、北大路書房）を参考にして説明していきます。

まず、どれだけ相手に自己開示をするかは、人それぞれと言っていいでしょう。性別でも差があることがわかっています。男性は開示度が高い傾向にあり、女性は開示度が低い傾向にあります。また、出生順位とも相関関係があり、一人っ子の開示度は高く、男性では長子、女性では中間子の開示度が低くなります。性格によっても違いますが、外交的な人は開きやすく、親和欲求の強い人も自分を開示する度合いが強くなります。

さらに、心を開くかどうかは相手によって変わります。知らない人よりは知っている人、知っている人の中でも初対面より何度も顔を合わせてよく知っている人のほうが心を開きやすくなります。

また、人間は、どのようなときに自分の思いを誰かに話したいかと言うと、次の5つのパターンに分類できます。

①新たな洞察を得るための自己開示
②心の中に充満した情動を解放するための自己開示
③孤独感から救われるための自己開示
④相手に自分を理解してもらうための自己開示
⑤自分の中の不安を消し去るための自己開示

自己開示すると、どうなるかと言えば相手のことがわかるので仲良くなります。職場で従業員同士が自己開示したら職場環境が良くなり、活性化されるでしょう。この複雑な人間社会において心の内を知る、知ってもらうということはとても大事なことなのです。

相手から本心を引き出す方法

相手から本心を引き出すときの方法については、『「ホンネ」を引き出す質問力』（堀公俊著、ＰＨＰ研究所）にわかりやすく書かれています。相手から本心を引き出すためには、前述したように自己開示を促進する必要がありますが、そのポイントは、次のとおりです。

(1) 自己開示しやすい場所をつくる
(2) 集団圧力を下げる
(3) 安心できる場をつくる
(4) お互いの関係性を深める
(5) 段階的に自己開示させる
(6) 相手の自己開示を受け止める

(7) 返報性を活用する

(8) 相手の反応を観察して心理を読む

これらの項目を見ると、刑事が相手から本心を引き出すときに使っている手法と共通点が多くありますので、筆者が実施してきた取調べなどの実体験も交えながら詳しく解説していきます。

(1) 自己開示しやすい場所をつくる

もし、あなたが上司から「ちょっと大事な話があるんだけど来てください」と呼ばれた場所に行くと、そこは体育館で真ん中にテーブルと椅子が置いてありました。上司に「ここに座って」と言われましたが、こんな場所で話をする気になるでしょうか？

夏なら暑いし、冬なら寒い。おまけに声は屋内に反響するし、早く終わらせたいと思っても話したいことすら話さないかもしれません。要するに、**部屋の広さ、気温も自己開示に影響を及ぼす**ということです。

では、部屋は広くても、室内が薄暗いとどうでしょうか？　**視界が狭くなると、意外と話しやすくなります**。つまり、明るさというのも自己開示に影響します。

ちなみに、筆者の起業塾の師匠で、一般社団法人日本焚き火コミュニケーション協会代表理事の三宅哲之さんは「焚き火コミュニケーション研修」を通じて、社員がホンネで話せる場づくりをしています。筆者も体験しましたが、暗い森の中で焚き火を囲んでいると、見ず知らずの人にもついホンネを話せたりします。

これは、周囲が暗くて視野が狭くなり、なおかつ、ゆらゆらと揺れる焚き火の火を見ているだけで心が休まり、話しやすい環境になるからです。

また、公園のベンチに奥さん、あるいは旦那さんと二人で座っているときはどうでしょうか？ 景色も良くて、前も開けていてお互いの顔も見えないので、昔の思い出話に花が咲くかもしれません。

恋人とのドライブもそうですね。二人でドライブに行くと、会話が弾んで以前よりも仲良くなったりします。筆者は昭和世代の人間ですので、彼女ができたら一緒に

◎自己開示しやすい場所、しにくい場所

自己開示しやすい

自己開示しにくい

ドライブに行くというのは定番でした。少し話が脱線しますが、最近の若者は車を買わないそうです。「駐車場代もかかるし、車はいらない。電車で十分」という考えの若者が多いので、販売台数が増えるわけがありません。そのような若者同士は、ドライブの機会も減って本心で話す機会も減り、コミュニケーションをSNSなどに頼ることになる、その結果、別れ話からヘンな事件も起こるという仮説は考えすぎでしょうか。

他の例として、あなたが部下と二人で遠方に出張に行くことになったとします。新幹線では横並びに座りますよね。出張先に到着するまで、普段以上に話が弾んだという経験をしたことがあるのではないでしょうか。これも「横並びの効果」です。

筆者は取調べをしていて核心に迫る話をするときには、あえて横に座り直して話を聞き出すこともありました。正面に座るよりも少し距離も近くなり、親近感が湧くので緊張感も和らいで話しやすくなると思います。**相手の懐に飛び込むには距離を詰めることも大事**ということですね。

ちなみに、あなたは取調室に入ったことがありますか?

取調室は被疑者だけでなく、参考人や被害者も入ることがあるので、その経験があってもおかしくありません。取調室というのは、白い壁に囲まれた空間です。天井も横幅が狭く圧迫感もなく、声も外に漏れないような形状になっています。これは、「知られたくないこと、言いたくないことを、どうしたら言ってもらえるのか?」について環境面から考慮した結果なのです。

(2) 集団圧力を下げる

筆者は講演で数多く登壇していますが、講演の最後に「何か質問はありますか?」と参加者に向けて尋ねます。参加者が20~30人程度の少人数ならば質問が出ることもありますが、数百名などの規模だとまず質問は出ません。最大で約1000人の講演もしたことがありますが、人数が多ければ多いほど質問を躊躇する方は数多くいます。

これは、自分の質問を他の多数の参加者が聞くので、「『そんなことも知らないの?』と思われたら恥ずかしい」というように周りの目を気にしてしまうからです。いわば、**集団圧力の影響**です。

◎取調室の様子

ちなみに、筆者の講演では参加者が何人いても「ワーク」を取り入れています。実際にあった事件を例に問題を出すのです。「こんな事件があって私が取調べをしたら、犯人はこんなことを言いました。『……（略）……』。私はこれを聞いて、犯人がウソをついていると思ったのです。果たして、どこにウソのサインがあると思いますか？　お近くの方と相談してみてください」と言って、近くにいる参加者同士に話をしてもらいます。

見ず知らずの人同士で話すことになる場合もありますが、その場合でも彼らは「せっかくだから」と言ってワイワイガヤガヤ話をし始めます。自分の周りの人と小さいコミュニケーションを取ることで場も和みますし、緊張感もほぐれ、筆者自身も話しやすくなります。そうすると、講演の最後の質問も出やすくなるのです。

刑事は、基本的には取調室という個室で、誰にも聞かれないように話を聞きます。しかし、事件によっては、会議室などの広い部屋で一斉に話を聞くケースもありました。それは軽微な犯罪で共犯者が多く、任意の取調べを行なう場合です。そもそも、小さい警察署ですと、取調室の数が足りないので、警察署の中にある会議室を使い、その端っこにパーテーションなどを置いて仕切ったスペースをつくり、そこにテーブルを置きます。簡易的な取調室をつくるわけです。そして、時間を指定して順番に被疑者を呼び出して話を聞いていきます。こうしたケースだと、簡易的な仕切りはあるものの、隣のテーブルの取調べや周囲の人が気になって、取調べを受ける対象者はなかなか本心を話してくれませんでした。これも、集団圧力の影響です。

つまり、もし、あなたが会社の部下から**本心を聞き出したいと思ったら、周囲に誰もいない状況で聞いたほうがいい**ということです。周りに他の社員がいて聞き耳を立てていたら、なかなか本心を話せないものです。特に、大事な話を聞き出したいと思ったら、そういった点にも配慮してください。

(3) 安心できる場をつくる

「ここで話したことは公にはならないし、後で問題になることはないよ」などと言われれば、自由な発言が許される場であることがわかるので、人は安心して話をします。

しかし、会社の飲み会で上司から「今日は無礼講《ぶれいこう》だから!!」と言われたので、会社や上司の不満を洗いざらい話したところ、後で睨まれたという話はよくありますよね。無礼講なのは上司だけで、部下に自由な発言権があるわけではなかったというわけです。「安心できる場」というのは、口先だけでは保証されないので、**明確なルールや約束があると話しやすくなります。**

筆者は取調べで相手と話をする際には、「この中（取調室）は何を話しても安心できる場だから」ということを常に相手に意識させていました。相手がどんな弁解をしても、「そうか、そうか」とただ聞くことに徹します。すると、「この刑事は俺の話を否定せず、ちゃんと聞いてくれる」と思ってくれて、相手も安心して話をしてくれます。

また、共犯事件では共犯者が何をしゃべったのか、どんな話をしているのか、あるいは話すことによって出所後に〝お礼参り（報復行為）〟があるのではないかということを気にする者もいます。その場合には、「絶対に漏れないように配慮する」ということを約束して話してもらうのです。約束した以上、こちらも絶対に約束を破らないようにしないと、せっかく築いた信頼関係が壊れてしまいます。ですから、約束を守るように、最大限の注意を払ったものです。

また、「これから話をしたことは記録には残さない、つまり調書にはしない」というルールを決めて、話を引き出すこともありました。一定のルールを決めると、話す側も安心します。そこで、組織内部のこと、構成する人物など事件とは関係のない情報を入手して以後の捜査に役立てることもありました。

ちなみに、奥さんから「怒らないから言ってごらん」と言われて、本当のことを言ったら、きっちり怒られたなんてことはないでしょうか（笑）。約束した以上は、ちゃんと守ってもらいたいものですね。

(4) お互いの関係性を深める

第1章でも述べたように、取調べにおいて一番重要なポイントは、お互いの関係性を深めるということでした。初めて顔を合わせた見ず知らずの刑事に対して、言いたくないことをペラペラ話し始める被疑者はいません。**人間は、まず信頼関係が築かれて関係性が深まらないと、心を開いて話さない**のです。

お互いの関係性を深めるには、こちら（取り調べる側＝聞き出す側）から仕掛けていきます。つまり、**自己紹介をしたり、相手との共通点を見つけたりして、コミュニケーションを取っていく**のです。

筆者は被疑者と顔を合わせたら、まず自己紹介をしました。所属、名前、何について聞きたいかなどを最初に明らかにして緊張をほぐすのです。そして、相手との共通点を探しながら会話を運んでいきました。人間は、自分に似ているところがあると、親近感を持ちやすいものです。取調べの前に下調べはしているので、出身地、出身校、家族構成、趣味などで共通点を探し、それを取っ掛かりに共通の話題で話を広げていきました。

特に、筆者の経験から言えば、共通の趣味を見つけて話すと、早く心を開かせることができたように思います。お互いが好きなことですから、語るネタには困りません。趣味には不思議と、世代や立場を超えたものがありました。

共通点があると心の距離は近づきやすいのですが、必要以上に近すぎると、それはそれで問題です。なぜなら、相手とあまりにも共通点が多いと好意を持ってしまうからです。例えば、「同じ高校で同じ野球部出身……、え？　後輩だ！」なんてことがわかると、追及が弱くなったりすると思いませんか？

お互いの関係性を深めることは大切ですが、相手に知られたくないこと＝言いたくないことを言わせるには、関係性を深めすぎないよう距離を保つことも大事なのです。

(5) 段階的に自己開示させる

取調べを担当する刑事には、一刻も早く自供させたい気持ちがあります。結局、認めさせることが刑事の仕事なので、早く結果を求めたくなるわけです。ですから、取調べが始まるとすぐに、「おまえがやったのか!!」なんて、核心をつく質問をしてしまう刑事もいます。しかし、これは経験の浅い刑事がすることです。ある程度、経験を踏んでくると、それでは被疑者は「落ちない」ことがわかってきます。信頼関係もできていないのに、いきなり核心をついた質問をしても話すわけがないからです。

まずは、信頼関係をつくること、そして相手が自己開示するようになったら、**話しやすいことから徐々に核心に迫っていく**のです。

例えば、友人関係のもつれから相手を傷つけた事件があったとします。元々は友人ですから仲も良かったはずです。そこで、まずは二人の出会いから仲が良かったときの話をしてもらうのです。その後、徐々に関係が悪化していく流れを聞き出し、最終的に事件当日の話をしてもらいます。少しずつ相手に自己開示させると、言いたくないことも話しやすくなるのです。

また、贈収賄事件で便宜を図って現金をもらった役人がいたとします。現金をもらうまで関係が深くなるには当然、贈賄側の業者との歴史があるわけです。このケースでは、何年前にどんな経緯で知り合ったのか、相手の業者の社長はどんな人柄なのか、当時はどんな付き合いをしてきたのかなど、これらを時系列で聞いていきます。そして、どんどん核心に近づいていくのです。このように、段階的に自己開示させていくと、相手もいろいろ話しやすくなり、核心に迫っていくことができます。

不正を働いた部下から話を聞くときも同じです。不正は、**「動機」「機会」「理由づけ」**の三拍子が揃って、はじめて成立し、不祥事に発展します。例えば、業務上横領の「動機」が「ギャンブルにはまって金が必要だった」場合、「では、ギャンブルはいつからやっているのか？」↓「競馬？　パチンコ？」↓「最高でどれくらい勝ったことがあるのか？」というように段階的に話を進めていきます。すると、ギャンブル好きはギャンブルが死ぬほど好きですから、過去の戦績を一生懸命話してくれます。そうやって相手に気持ち良く話をさせながら、核心に近づいていくのです。

(6) 相手の自己開示を受け止める

相手が自己開示をして自分のことを話し始めたら、それは心を開き始めているということです。身の上話でも、悩み事でも、プライベートのことでも、**相手が心を開いて話してくれたら、しっかりと受け止めて共感しながら耳を傾ける**ことが大事です。

決して、否定したり、咎《とが》めたりしてはいけません。否定せずに「そうか、そうか」と聞いてくれると、相手は落ち着いて自己開示しますし、それ以上のことも話してくれるようになります。

しかし、なかには共感できない自己開示もあります。取調べを担当する相手は様々で、犯行理由も様々です。心を開いて本当の犯行理由を話してくれたとしても、共感できない理由は多々あります。その場合、どうしても「それはおかしい」「あなたの身勝手だ」「自己中心的な考えだ」などと批判したくなります。しかし、そうしてしまうと、せっかく開いた心が閉じてしまうのです。

本来の人間関係であれば、自己開示するなら共感できる内容を話すのが鉄則です。相手に共感してもらえる内容でなければ、逆に心の距離は遠のくからです。

例えば、ある経営者が「税金は払いたくない。だから、あの手この手を使って脱税しています」って言ったとしたら、共感できるでしょうか？

普通は、「いやいや、納税は国民の義務だから！　払わないとダメでしょ!!」と言いたくなりますよね。通常の関係であれば否定すべきですが、取調べのように**言いたくないことを聞き出す場面では否定せずに、相手の立場になって聞き続ける**必要があります。「そうだよね。税金なんて納めたくないよね。わかる、わかる」という感じです。そうすると、相手は自己開示を受け止めてくれたと感じ、さらに自己開示してくれるでしょう。

(7) 返報性を活用する

あなたの友達が自分の家族の悩み事を話し始めたとしましょう。今までそんな話を聞いたことがなかったので、あなたは驚きましたが、聞いているうちに「私にもそんな経験があるし、よくわかるよ」と思って自分の経験や悩みも友達に話してしまった、こうした経験があるかと思います。これは「**自己開示の返報性**」という効果です。相手が自己開示してくれたので、それに合う深さの自己開示を自分もしてしまったというわけです。

このように、自己開示というのは相手に伝染します。「相手が心を開いてくれたから、自分も開こう」というのが人間の心理です。ですから、こちら（聞き出す側）から心を開いて接するということが大事なのです。

筆者は取調べでは、相手より先に自己開示するように心がけました。もちろん、開示できる範囲ではありますが、趣味や家族構成、学生時代に流行ったこと、好きな芸能人など割と話しやすい話題から開示していったのです。そんなことを唐突に話す刑事はなかなかいないので、「この刑事さん、おもしろいな」と思われます。そうなれば、一歩前進です。さらにニコっと笑ってくれたら、二歩前進というところでしょうか。

ここで、**自己開示する際には、相手の話を聞いたうえで「自分事」で考えて自己開示することがポイント**です。

筆者は、子供と話をするときも「自分事」として捉えて話すようにしています。例えば、息子が「彼女にフラれた」と自己開示したとします。それを聞いて「なぜフラれたんだ？　また新しい彼女を見つけたらいいよ」というように、興味もなく他人事のような言い方で返すと話は続きません。ですから、「俺も高校時代ねぇ、そんなことがあったなぁ。俺の場合は……」と自分事として捉えて自己開示するのです。

また、悩みを相談されたときも「俺だったらどうするかな？」というように自分事として考え、それを自己開示します。そうすると、息子は隠し事もなく、なんでも話してくれました。筆者が自分のことのように捉えて息子からの相談に乗ったので、彼自身もさらに自己開示しようと思ったわけです。こうなれば、会話がどんどん広がっていくものです。

繰り返しますが、相手が自己開示する場合は「自分事」として考えましょう。そうすると、相手の共感も得られるので自己開示が促進されます。

(8) 相手の反応を観察して心理を読む

相手の心理を読むという行為は、刑事の専売特許かもしれませんが、刑事は相手の反応を見ながら本心かどうかを確認しています。筆者は、もし、本心なのか疑問に感じたり、矛盾する反応が出ていたりしたら、質問することで本心を引き出すようにしていました。

対人コミュニケーションには、言葉を使う「**言語コミュニケーション**」と、しぐさ、目の動き、顔の表情などの「**非言語コミュニケーション**」があります。「言葉」によって人間はウソをついて他人を騙したりするので、筆者は経験上、言葉を信用していません。ですから、**本心についても言葉ではなく、体から出る非言語のサインで感じ取る**ように心がけていました。

非言語コミュニケーションについては、『非言語コミュニケーション』(マジョリー・F・ヴァーガス著、石丸正訳、新潮社)に詳しく解説されています。人間は常に、五官すべてを動員してメッセージを受け取り、また発信していますが、非言語コミュニケーションは次の9種類と言われています。

①人体（もろもろの身体的特徴の中で、なんらかのメッセージを表すもの）
②動作（姿勢や動きで表現されるもの）
③目（アイ・コンタクトと目つき）
④周辺言語（パラランゲージ：話し言葉に付随する音声上の性状と特徴）
⑤沈黙
⑥身体接触（相手の身体に接触すること、またはその代替行為による表現）
⑦対人的空間（コミュニケーションのために人間が利用する空間）
⑧時間（文化形態と生理学の2つの次元での時間）
⑨色彩

要するに、人間は言葉以外にも、多くの身体メッセージを発しているということです。
刑事は、これらの情報を頼りに、相手の本心かどうかを感じ取ります。
また、本心かどうかを知りたいときに、言語と非言語が違うサインを出す場合がありますが、その場合にどちらが正しいのかを知る指標もあります。

動物行動学者のデズモンド・モリスは、著書『マンウォッチング』（藤田統訳、小学館）の中で、人間が言葉と非言語で相反するメッセージを出したときに信頼できる動作と信頼できない動作について、次のように信頼できる順序をつけて説明しています。

❶自律神経信号
❷下肢信号
❸体幹信号（姿勢）
❹見分けにくい手振り（微妙な手の動き）
❺見分けやすい手振り（意図的な手の動き）
❻表情
❼言語

これらは単純化された尺度ですが、違ったサインを出した場合に大まかな手引きになります。例えば、❶・❸・❻・❼の信号を見たときは、❶・❸のメッセージを信じ、❻・❼は信用しないほうが安全というわけです。7つの動作について以下、簡単に説明します。

❶自律神経信号

これは、自ら統制できないので最も信用できます。意図的に汗をかいたり、ほおを青ざめさせたりすることはまず不可能です。ウソ発見器、通称ポリグラフ検査も誤魔化しの効かない呼吸・脈拍・発汗などの自律神経に注目して計測する機械です。ですから、質問した後に顔が赤くなったり、手が震えだしたりするのは何かを訴えているということです。

❷下肢信号

人間が話をするときは、頭部に注意を集中しています。

顔から遠ざかるほど、体の部位を意識しなくなります。足は目から遠く離れています。足の動作に慎重な統制を加える力はほとんどありません。よって、下肢は本当の気分を知る重要な手がかりになります。例えば、熱心に話を聞いているような顔をしていても、足が貧乏ゆすりをしている場合には、実はイライラしている可能性もあります。

また、足をそわそわと組み替えたり、たびたび足を揺すったりしている場合、今いる場所から逃げたいという衝動を抑えているとも言えます。会話中に足に注目すると、相手の本心を知るためのヒントを見つけることができます。

❸体幹信号（姿勢）

身体の姿勢は、全身の一般的な筋緊張を反映しているので、本当の気分を見抜くうえで重要な手がかりになります。退屈している人が身体を緊張させるのは難しく、また、その逆で興奮した人が身体を弛緩《しかん》させるのも難しいものです。したがって、筆者は講演中に聴講者の姿勢に注目しています。聴講者が前のめりになって体が緊張している場合には、「話に集中している」と読み取ります。一方、聴講者が椅子に踏ん反り返ったりして身体に緊張感がない場合には、「おもしろくない」と思っていると読み取ります。

❹見分けにくい手振り（微妙な手の動き）

人は無意識に、手をあいまい、かつ漠然と動かすことがあり、それは意図的に動かしているのかどうか見分けにくいでしょう。例えば、話している人が目の前で身振り手振りをする、あの動きなどです。しかし、手は言葉とは相反する動きをすることがあります。その場合には言葉ではなく、手のほうが心理を正しく表しているということです。

❺見分けやすい手振り（意図的な手の動き）

例えば、勝利したときの「Vサイン」だったり、別れ際に「バイバイ」と手を振ったりするなどの手の動きです。つまり、それ自体に意味のある動作のことを言いますが、この手振りは本心とは違う気持ちを表すために意図的に使われることがあり、刑事には信用されないことが多いのです。顔の表情と同じくらい疑わしいので、すでに挙げた他の信号を優先し、通常は無視されるはずです。

❻表情

人間は常日ごろから鏡を見て自分の表情をよく知っているため、ウソをついても表情を変えないようにするなど、捏造《ねつぞう》することは難しくはないのです。ただし、表情には、手の動作と同様に、見分けやすい表情と、見分けにくい表情があります。見分けやすい表情は、いわば「型にはまった表情」で、微笑、笑い、しかめ面、ふくれっ面などが挙げられます。

もう一方の見分けにくい表情は、捏造したり、誤魔化したりするのが難しくなります。例えば、両眼をかすかに寄せる、額の皮膚が緊張する、唇をちょっと内に向けるなどで、表情が微妙に変化します。こうした見分けにくい微妙な表情の変化は、言葉とは相反する動きをすることがあり、それが本心を表していることも多いのです。

顔の表情は変化しやすく、会話中のちょっとした表情の中に本心を見抜くためのヒントが多くありますので、見逃さないようにしましょう。

❼ 言語

人間は言語を操ってウソをつきますので、基本的に言語は信用できないということです。人間は、言語を使って話すという行為により相手に意思表示することができます。ですから、相手に騙されやすく、また相手を騙しやすいのも言語ということになります。つまり、言語が一番信用できないと言えますので、本心かどうかは、言語だけではなく、会話の中身や、そのときのしぐさなどの非言語コミュニケーションから読み取ることになります。

つまるところ、人間は「タテマエ」と「ホンネ」を使い分けて生きているわけです。

例えば、社内の会議で参加者のすべてが「このプロジェクトはダメだ……」と感じていても、社長の肝入りのプロジェクトならば「これは絶対イケます！」というようにタテマエを言うときがありますよね。

そんなときに、本心ではないサインが、しぐさなどの非言語コミュニケーションに表れているのです。そして、そうしたサインを見つけたら「それって、本心ですか？」と質問をして、本心を話すように促します。

相手から本心を引き出すためには、あらゆる面で人間心理に敏感になることが必要なのです。

◎７つの動作の信頼できる順序

❶ 自律神経信号

❹ 見分けにくい手振り

❸ 体幹信号

❷ 下肢信号

❺ 見分けやすい手振り

❻ 表情

❼ 言語

刑事の雑談②

Q 刑事ドラマを見ていて「現実ではあり得ない」と思うことはどんな点でしょうか？

A 刑事ドラマによくあるシーンであり得ないと思うのは、次のような点です。

(1) ガサ入れで発見した薬物（シャブ）を指先につけて舐め、「シャブだな」と断言する

そもそも、薬物を舐めた時点で「薬物の使用」になるので、使用罪に問われます。したがって、薬物を舐めたことのある刑事は絶対にいないし、舐めるだけで薬物の種類を断言することはできません。ましてや、なんだかわからない薬物を直接舐めるのは極めて危険な行為なので、あり得ない行為ということになります。

(2) 警察署の署長室の扉が勤務時間内にもかかわらず閉まっている

刑事ドラマの中で署長室に部下がノックをして扉を開けて入る場面があります。現実の署長室は、誰でも入りやすいように常に開放状態にしておくことが原則であり、扉を閉めておくことはありません。ですから、閉まっている設定が間違っています。

また、ドラマの高層階の警察署では、上の階に署長室があることがあります。しかし、現実の署長室は、全国どこの警察署も一階の奥と決まっています。なぜなら、「最高指揮官が現場に一番近いところで指揮を取る」という意味があるからです。

(3) 殺人事件の現場に複数の刑事が入り、白手袋だけを着用して死体を観察する

殺人事件の場合には、そもそも現場に入る人間は厳格に規制され、いつ、誰が、どんな格好で、どこまで入り、何を触ったかをチェックするようになっています。警察の幹部であっても、安易に現場に入ることができません。これは、何よりも「現場保存」が最優先で現場を荒らされないようにするためなのです。

現場に入る際もスーツ姿では入ることはできず、スーツの上からビニールの足袋やビニールキャップを被って入ります。これは、頭髪や陰毛が現場に落ちないための配慮なのです。したがって、白手袋だけでズカズカと現場に入る刑事は実際にはいません。

3
2
1
立入禁止 KEEP OUT

第3章

信頼関係を築くと、人は話したくなる

話したくなるのは信用できる人

あなたには、誰に聞かれても「話したくないこと」があるとします。どうしても話さなくてはいけない場合、どんな人なら話すことができるでしょうか?

おそらく、どこの誰だかわからない人よりも人間性や性格もよく知っている人で、あなたにとって**「信頼できる人」**に話そうとするのではないでしょうか。特に、それを話すことによって自分が不利益をこうむり、今後の人生を左右するとしたら尚更そうでしょう。

筆者は刑事として被疑者と対峙するなかで、被疑者が自供すると不利になるようなことを彼らに言わせるためには、「信頼関係を築くしかない」ということを身に染みて学びました。信頼関係がなければ、人は話してくれないのです。

共通点があると人は心を開き、いずれ信頼が生まれる

筆者が県警本部で警部補として勤務していたころ、ある贈収賄事件で建設会社の二代目

社長Kを取り調べたことがあります。彼は市役所の幹部を何回も接待して、時には小遣いを渡し、公共工事の発注に便宜を図らせていた贈賄容疑がかかっていました。40代の社長Kは、任意の取調べから「多少の接待はしましたが、それはお付き合い程度です。決して、便宜は図ってもらっていない」と言って否認しました。

しかし、取調べの中で、彼の心を開かせた会話がありました。それは、「高校野球」の話でした。彼は、甲子園を目指して野球に励んでいた元高校球児でした。実は、筆者も同じように、高校球児だったのです。しかも、Kと筆者の高校は同じ県内の強豪校同士であり、練習試合で対戦したこともあったのです。

筆者は取調べが延々と進まないので、あえて高校時代の苦しい練習の話や先輩との上下関係、また甲子園に行きたかった幼いころからの夢の話をしました。昭和時代の高校野球と言えば、練習中に水を飲めないのは当たり前、休みもほとんどなく、連日深夜まで練習していたので「若いってすごいよね。よくやっていたなぁ」と思い出話をしたのです。

そのような話を筆者がしたのは、自分のことも知ってもらいたかったし、彼のことも知りたかったからです。取調べというより、お互いに昔の思い出に浸るような時間でした。彼に高校野球の話をすると、沈んでいた顔が徐々に明るくなるのがわかりました。「甲子園に行きたかったなぁ……」、彼はぽつりと呟きました。そのころから、少しずつ態度に変化が現れました。

そして、取調べを始めて4日目に、「刑事さん、便宜を図ってもらうために現金を渡しましたよ。間違いありません」と、全面自供したのです。

そのとき、彼は次のように言いました。

「甲子園を目指して死ぬ気で頑張っていたころを思い出しました。同じ志を持っていた森さんに調べられたらウソは言えませんね……」

彼は、どうしたらいいのか、迷っていたのです。真実を話せば、逮捕されることになります。新聞やテレビで報道されたら、会社の信用も失墜し、公共工事も指名停止になります。そうなると、「業績にも影響する、ここで認めていいものか、それが最善の策なのか」、彼は迷っていたのです。でも、法に触れる行為であり、悪いことは悪いこととして認めないといけないという気持ちもありました。そんなときに、同じ志を持って甲子園を目指していた筆者の取調べを受けて、「この刑事さんなら信用できる、だから話してもいいだろう」と思ったと言うのです。

取調べにおいて、真実を話すというのは勇気も必要になりますし、覚悟も必要です。真実を話すことによって、新たに背負わなければいけないものも増えます。話す側は心底不安なのです。自分に非があって、誰にも相談できない場合には尚更です。そのように一人で思い悩んでいるときに、信頼できる人が近くにいたら気持ちも楽になります。よって、「この人は自分のことをわかってくれている。だから話そう」、そんな気持ちになるのです。

つまり、相手に心を開いてもらうには、信頼関係ができていることが大前提なのです。信頼関係を築いていれば、人は言いたくないことも話してくれます。ですから、筆者は取調べでは、「どうしたら信頼を得られるか？　どうしたら心を開いてもらえるか？」ということに注力して被疑者と接していたのです。

相手に信頼されるためには？

相手から信頼される人は、日ごろからどんなことに注意しているのでしょうか？

広辞苑では、「信用」とは信じて任用すること、「信頼」とは信じて頼ることと書かれています。もう少しかみ砕いて説明すれば、「信用」とは何らかの実績や成果物をつくり、その出来栄えに対してする評価のことです。そのため、信用されるためには、実績や成果物が必要不可欠なわけです。一方、「信頼」とは、そうした過去の実績や業績、あるいはその人の立ち居振る舞いを見たうえで「この人なら私の秘密を話しても大丈夫だろう」と、その人の未来の行動を期待する行為や感情を指します。そう考えると、信頼してもらうためには、まず「信用」が必要なのです。信用なしには、信頼を勝ち取ることはできないというわけです。

信頼は、信用の積み重ねにより生まれます。小さな信用の積み重ねが、大きな信頼になるわけです。ですから、もし、あなたが相手から信頼されていないという場合には、日ごろから小さな信用を得るためのコミュニケーションや目配り・気配りが不足しているということです。

「部下がいつも挨拶程度の会話しかしてくれない」「子供から大事なことを相談されない」「妻に何か困ったことがあっても頼りにされたことがない」――。これらは、あなたが信用されていないからではないでしょうか？

ここでは、筆者が取調べで被疑者から信頼を得るために、また、独立してからも初対面の人や新規のクライアントから信頼を得るために、どのような点に留意してきたかを紹介していきます。

⦿見た目を意識する

筆者は刑事時代、政治家、経営者、公務員など、社会的地位のある人を取り調べる機会が多くありました。そのため、服の基本はスーツ、ネクタイです。当時はクールビズというシステムがなかった時代ですので、どんなに暑くてもネクタイを締めていました。

特に、筆者の所属していた捜査第二課では、政治家や役人が絡んだ事件が捜査対象なだけに紳士的な刑事が多く、きちんとした服装で身をまとっていました。当然、「**見た目**」を意識してのことです。社会的立場のある人は、見た目の重要性をよく理解しています。そんな人を、髪がボサボサ、スーツがヨレヨレで、いかにも仕事ができそうもない刑事が取り調べてもすんなり話すわけがありません。「人のことをとやかく言う前に、自分の印象を変えなさい」と逆に言われてしまいます。

ですから、まずは見た目に気を配っていたのです。

人間は、「人は見た目ではない」と言いながらも、実は見た目をとても気にする生き物です。特に初対面の場合には、第一印象でヘンな先入観を持たれたら終わりです。

コミュニケーションについて勉強していると、必ず紹介される「**メラビアンの法則**」があります。これは、アメリカの心理学者のアルバート・メラビアンが提唱した理論で、人が初めて誰かと会うときには、次のように3つの要素と比率をもとに判断しているとされています。

- **視覚情報（Visual）：顔立ち、服装、髪型など＝55％**
- **聴覚情報（Vocal）：話し方、声など＝38％**
- **言語情報（Verbal）：話している内容など＝7％**

この中で「見た目」に当たるのは、「視覚情報（＝55％）」と「聴覚情報（＝38％）」なので、全体の93％（＝55％＋38％）となります。つまり、**「人は見た目が9割」**と言われる所以です。

また、最初に対面したときに相手に与えた第一印象で、その人の印象は決まってしまうということを心理学で**「初頭効果」**と言います。最初の第一印象がその後なかなか変わることがないというのは、ある意味恐ろしいですよね。

つまり、最初に良い印象を与えられれば問題はありませんが、悪い印象を与えてしまうと、それを後から改善するのは非常に難しいのです。

◎人は見た目が9割

スマートで、きりっとしている　　太っていて、だらしない

最初にだらしない格好で会ってしまうと、その後もだらしない印象は相手に強く残ります。見た目は、コミュニケーションのスタートとなる部分です。そこに気を配れないと、マイナスの印象から人間関係がスタートしてしまうわけです。見た目は本当に重要です。

アメリカでは、「太っているビジネスパーソンは、自己管理ができないとみなされて評価されない」とよく聞きます。体形でさえも、人に何らかの印象を与えてしまうのです。「太っているのは遺伝だから仕方ない！」なんて叫んだところで、他の人はそうは見てくれません。

筆者は、独立して講師になってから人の前に立つ機会が多くなりました。スマートな体形を維持するために週に1～2回はスポーツジムに行き、汗を流します。講演のアンケート用紙にも、「講師の先生がスマートで、きりっとしているので、話にも説得力が増しました」と書かれることがあります。人は話を聞いたことよりも、視覚で何かを感じ取る生き物なのですね。

つまり、人に信用されたいならば、見た目には特に気をつける必要があります。

また、筆者は講演などを通じて、経営者とよくお会いする機会がありますが、共通して言えるのは「デキる経営者は身なりが素敵」ということです。高齢の男性経営者の方もいらっしゃいますが、スーツもネクタイも体形に合って清潔感のあるものを着用され、年下の筆者から見ても「カッコいいなぁ」と感じる方が多くいます。

どうして身なりに気を使うのか？　それは異性を意識しているということも多分にあると思います。いくつになってもカッコ良く、奇麗でいたいという気持ちがあれば異性からもモテます。人生一回しかないし、モテすぎて悪いということはないので、モテたほうが良いのではないでしょうか（笑）。話が少し脱線しましたが、見た目を意識して信頼を勝ち取りましょう。

◉相手に興味を持つ

相手に興味を持つということは、非常に大事なことです。

筆者の場合、初対面の人と話すときは**質問7割、自分の話3割**で話を進めていきます。

例えば、名刺交換をするときには「この苗字は珍しいですね。ちなみに、ご出身はどちらですか？」というように、まず名前に興味を持ちます。次に、「どんな事業をされているんですか？」という感じで、会社の事業について興味を持ちます。そして、「社長さんは何代目ですか？」など、役職にも興味を持ちます。これだけ質問するだけでも、会話に広がりが出てきます。

そもそも、相手に興味を持たなければ、日常生活で会話の糸口も見つかりませんし、会話は広がりません。相手に興味があって相手のことを知りたいからこそ、会話は進むものです。逆に、自分に対して興味を持っていない相手とは、どんな会話をするでしょうか？

その場合、質問されないので、話をしていても聞いているかわからないような反応になりますし、どこか意識が飛びがちにも見えます。自分に興味を持ってくれる人と持ってくれない人とでは、明らかに対応が異なるのです。

そして、相手に興味を持ったら真剣に話を聞く、つまり**傾聴する**ということが重要になってきます。そのうえで疑問に思ったり、興味を持ったりしたことを質問します。質問された人は「自分に興味を持ってくれた」という良い感情を抱きますので、当然話は膨らんでいきます。

つまり、こちら（聞き出す側）から相手が話したくなる環境をつくっていくということです。コミュニケーションの根本は、「他人に対する興味である」と言っても過言ではないのです。

筆者は取調べで被疑者と初めて接するときには、相手の職業、家族、趣味など、あらゆる点に興味を持って話を進めていきました。いきなり、事件の核心をついたところで、良い結果が得られることはないからです。まずは相手を知り、自分を知ってもらう時間をつくっていたのです。特に、取調べは言ってみれば、平等なコミュニケーションの場ではありません。取調べをする側と取調べを受ける側という構図は、どうやっても崩しようがありません。だからこそ、上から目線で被疑者と接するのではなく、平等なコミュニケーションを取るように心がけていたのです。

前の第2章でも触れましたが、筆者は相手との共通点を徹底的に探しながら会話を広げるという方法をとっていました。同じ人間ですから、生年月日、年齢、星座、血液型、出身地、家族構成、住んだ地域、出身高校・大学、趣味、学生時代のスポーツ、好きな歌手、タレントなど、いろいろな項目を考えてみると、共通点は結構あるものです。人間は共通点を2~3つ見つけただけでも、親近感が湧いてきます。筆者は、そうやって相手と会話をしていくなかで、自分の人間性を知ってもらい、信頼に結びつけていったのです。

さて、あなたは自分の部下にどれだけ興味を持っていますか？　そう聞かれると、微妙な反応になる方もいると思います。時間があったら、一人ひとりの部下についてどれくらい知っていることがあるか、書き出してみてください。多く書ける部下とまったく書けない部下がいると思います。そして、それぞれの部下との関係性を検証してみてください。

書けない部下ほど、コミュニケーションが取れていないはずです。それは、「興味を持っていない」という裏返しになります。部下に少しだけでも興味を持てば、会話も広がりますし、良いコミュニケーションが取れるようになります。ひいては、仕事にも良い影響を及ぼすようになるでしょう。誰でも、興味を持たれると嬉しいものですよね。

⦿相手の立場になって接する

あなたも経験があると思いますが、人間は相手が上辺だけで接しているのか、心から自分のことを思って接してくれているのかを察する能力があります。特にビジネスでは、利益追求のために会社が存在することは誰でも知っています。したがって、営業担当者から熱心に商品を勧められて「これで、あなたの悩みは解決されますよ」と言われても、「結局は実績を上げたいからでしょ?」と腹の中を読まれてしまうのです。つまり、人は自分の利益のために動いているのか、相手の利益のために動いているのかを意外と簡単に見透かしているというわけです。

これは、刑事の世界でも同じです。刑事は、仕事として犯罪の事実を認めさせたいわけです。ですから、どんなに相手のことを思って発した言葉でも、「なんだかんだ言っても、事実を認めさせるための作戦だろう」と思われたりします。これはある意味、仕方のないことかもしれません。しかし、どう思われようと、とにかく相手の立場になって接していると心が通じ合ってきます。

筆者は逮捕された被疑者の取調べを行ない、終了間際には「何か困ったことはないかい？」と必ず声をかけていました。特に、初犯の被疑者は、留置所での生活を初めて体験します。誰でもそうですが、初めて泊まるホテルでは寝付きが悪くなったりしますよね。それが、鉄格子の留置所でしばらく生活するわけですから、気が休まるはずがありません。「三食昼寝付きでいいじゃないか」という方もいるでしょうが、同房で見ず知らずの犯罪者と寝起きを共にするだけでも、気が休まらないでしょう。だから、筆者は被疑者のことを心配して、そう声をかけていたのです。

また、罪を犯す人間には、それなりの理由があります。もちろん、罪を犯したことは悪いことです。しかし、人には言えない悩みやストレスがきっかけで、犯罪に手を染める人間もいるのです。つまり、**被疑者の「心の闇」に触れなければ、どうしても真実は明らかになりません。**

したがって、筆者は被疑者の犯罪に至った経緯を細かく聞いていきます。「そうかそうか、会社でそんなことがあったのか」「君の言い分はよくわかるよ」「俺でも、そうしてしまうかもしれないなぁ」というように、被疑者に同調し、まさに被疑者の気持ちになり代わって話を聞いていくのです。そうすると、不思議と被疑者は口を開き始めます。相手の立場になって気持ちを察して接すると、相手は自分に心を開くものなのです。

◉あえて弱みを見せる

自分より上の立場の人が自分だけに弱みを見せてくれたら、あなたは、どんな気持ちになるでしょうか？　弱みというのは、つまるところ弱点です。相手に弱いところをさらけ出されると、その人が可愛くなったり、助けたくなったりもします。

刑事と被疑者の立場というのは、上と下の関係（構図）ができてしまっています。被疑者は刑事から上から目線で「おまえが、やったんだろう？」と責められます。そんな立場の刑事が身の上話をしているときに「俺も若いときにこんなことがあったなぁ……」と学生時代や仕事上の失敗の話をしたとします。

「へー、刑事さんも同じ人間なんですね」と、上の立場から急に下の立場の自分に近づいてきたように思いませんか？

犯罪は、そもそも被疑者自身が犯した最大の失敗です。法律違反なので、前科・前歴として残りますし、被害者を傷つけたりしていれば生涯取り返しのつかない大失敗です。そのような失敗をして落ち込んでいる被疑者は、上から目線で諭されたりしても何も響きませんが、自身の弱みを見せた刑事に歩み寄られたら、少しは気持ちも変わるでしょう。「ダメなのは自分だけじゃないんだな」と救われた気持ちになるのではないでしょうか。**あえて自分の弱みを見せることには、相手の懐に飛び込んでいく効果がある**のです。

嫌いな上司、気に食わない部下、苦手な友人……、そのような人と立場上、どうしても仲良くなる必要があったり、人並みのコミュニケーションを取らなければならなかったら、自分から悩み事を相談したり、弱みを見せてみましょう。きっと、相手は心を開いてくれるはずです。

筆者も現職時代、ちょっと苦手な上司がいました。おもしろいもので自分に苦手意識があると相手にも伝わるようで、その上司も筆者のことをあまり良くは思っていないのを感じ取っていました。しかし、直属の上司なのに関係が良くないと、仕事もやりづらくなります。その上司と、なんとか親しくなる方法はないかと思案していたときに思いついたのが、この「弱み打ち明け作戦」です。

当時抱えていた仕事上の悩みについて、その上司に思い切って相談してみたのです。上司は最初、怪訝そうな顔をしていましたが、筆者が真剣に悩んでいることを知ると、いろいろとアドバイスをしてくれました。それ以来、何かあると、その上司に相談をして解決するようになり、通常の関係まで修復できたのです。

腹の中にモヤモヤがあると、信頼関係は築けません。自分の弱みを見せつつ、思い切って相手の懐に飛び込んでみるのも良い方法です。

◉小さな約束を守る

筆者は警察を退職し、独立してから7年目になりますが、人間関係において信頼関係がいかに重要かということを肌で感じてきました。刑事時代は「親方日の丸」という言葉どおり、国家の大看板のもとで仕事をさせてもらってきました。警察手帳を見せれば、自分の信頼と言うよりも警察組織のおかげで仕事ができたわけです。ところが、警察を辞めた瞬間から「タダの人」です。もちろん、今まで筆者を知っている人にとっては、それなりの信頼があったかもしれませんが、初めて会う人にしてみたら何の信頼もありません。ですから、信頼関係を築くことが何よりも大事だということを肌で感じてきたわけです。

講師業をしていると、講演のスタート時間は必ず決まっていますので、依頼者との信頼関係を築くために「時間管理」は必須です。時間に遅れてくるような講師には、怖くて仕事を依頼できないはずです。ですから、筆者は時間管理に最大限の注意を払ってきました。それを物語るエピソードを、次に紹介しましょう。

その日の朝、筆者は前日の神戸での講演を終えて神戸に宿泊していました。その日の午後には東京の浅草で講演予定がありましたので、筆者は東京へ早めに戻るため、新神戸駅から朝早い時間の新幹線に乗りました。乗ってすぐに、「この先、静岡で集中豪雨があり、その影響でこの電車も遅れる可能性があります」という車内放送が流れました。筆者はそれを聞いて、「遅れる可能性があるのか……。本当に遅れたら間に合わないかもしれないな、まずいな」と思いました。

新幹線の車内を見回しても他の乗客に動きはありませんし、携帯電話でネットのニュースを探してもそれらしい情報はありません。

「次は新大阪か……。代わりの交通手段は飛行機だな。新大阪で降りずに先に行くと次は京都だから、移動の選択肢がなくなるな。大阪なら伊丹空港から飛行機に乗るという手はある。うーん、どうしよう、迷っている暇はないな。遅れる可能性が少しでもあるなら、新大阪で降りて飛行機に乗ろう」

新神戸駅から次の新大阪駅までの10分程度の間に、そう結論を出しました。新大阪駅で降りた筆者はホームを走りながら、その車両に乗客を誘導していた駅員に「この電車って、この先、動きますか?」と聞きました。最新の情報が欲しかったので、一応確認したのです。すると、駅員は「しばらく、この駅で停車ですね。この先、動かないかもしれません」と教えてくれました。筆者は、「おー、そうですか。わかりました!!」と言って、そのまま改札口を出てタクシー乗り場に走り、タクシーで伊丹空港を目指しました。

タクシーの中では、運転手さんに「何分で着きますか?」と到着時間を確認して、携帯電話で飛行機の予約サイトにアクセスし、伊丹空港への到着時間に一番近い羽田空港行の便を予約しました。空港に到着してから手続きを終えて搭乗口へ着いて「やれやれ」と椅子に座り、「この飛行機に乗れば、東京には一時間前には着くし余裕だな……」と思った矢先のことです。

「静岡県の集中豪雨の影響により、○○便の出発が遅れる可能性があります」という放送が流れました。「え、飛行機も!?」――。その後、筆者は講演依頼を仲介してくれたエージェントの担当者に初めて電話をして事情を説明しました。そして、出発が遅れた飛行機が羽田空港に到着したのは、講演開始1時間前でした。エージェントの担当者と連絡を取り合いながら最善の交通手段を使い、会場に到着したのは講演開始5分前でした。

エージェントの担当者は社内でヤキモキしていたようですが、無事に到着したときに「さすが、森先生です。飛行機に乗り換えるなんて、判断力がさすがです」と言ってくれました。ちなみに、乗車していた新幹線は数時間動かず、乗客は車内に閉じ込められていたままだったそうです。

新幹線が遅れるという原因は集中豪雨であり、筆者の責任ではありません。筆者は、一般的に妥当な方法で移動していたわけですし、講演に遅れて影響があってもエージェントの筆者に対する信用が失われることはなかったでしょう。しかし、筆者は自分の中で「時間を守らなければ、自分の信用を失ってしまう」と思っていたので、自主的に先ほど説明したような行動をとったのです。ちなみに、飛行機の運賃は自腹です。お金で信用が保てるものなら安いものですし、まったく躊躇することはありませんでした。これも「信頼されるためにはどうするべきか?」という日ごろからの考え方から得られた結果です。

◉ブレない軸を持つ

ある人を指して、「あの人は軸がブレない」「彼の言うことには一貫性がある」「生き方に迷いがない」などと言うことがあります。話や行動に一貫性がある人は信頼されます。

人として、わかりやすいからです。人はそれぞれ様々な考えを持っていますが、言うことや、やることがコロコロと変わる人がいます。言い換えれば「自分がない人」で、その場の雰囲気や人の話に流されて行動が定まりません。

このような人は信頼されません。一緒にいると、どんな方向に流れていくか想像できないからです。人間にとって生きていくうえでの軸や方向性は必要であり、それによって信頼が得られるものと筆者は思っています。

実は、取調べでも軸が必要です。筆者は被疑者に対して自ら言ったことや、約束したことは守るということを貫いていました。逆に言えば、**できないことは言わない、やらない**ということです。被疑者は刑事のことをよく見ています。特に、社会的地位の高い人間、また反社の人間は、いろいろな現場で対人交渉をしているので、信用できる人物かどうかを見抜きます。ですから、筆者は取調べでも自分の基本軸をしっかり持って被疑者に接していたのです。それが結果として、被疑者から信頼を得ることにつながったと思います。

ところで昨今、「人生100年時代」とよく言われていますよね。人生100年とは、ロンドン・ビジネススクール教授のリンダ・グラットンとアンドリュー・スコットが著書『LIFE SHIFT（ライフ・シフト）100年時代の人生戦略』（東洋経済新報社）の中で提唱した言葉です。

世界で長寿化が急激に進み、先進国では2007年生まれの二人に一人が100歳を超えて生きる「人生100年時代」が到来すると予測し、これまでとは異なる新しい人生設計の必要性を説いています。

わが国の定年は一般的には60歳が多いと思いますが、100歳まで生きると定年後の人生がとても長くなります。そのうえ、少子化の影響で若い世代の人口も減少し、社会保障がどこまで維持できるのか、年金がもらえるのかという不安も増大しています。人生が長くなったからこそ、組織に所属せずに「個」で生きる時間が長くなります。

大手企業の社員も、警察官も辞めてしまえばタダの人です。生き方に軸がないと、やはり信頼されない人になってしまいます。

今は、自分の生き方にブレない軸を持って生きる時代ではないでしょうか。

刑事が「信頼できない」と判断する人のタイプ

百戦錬磨の刑事が取調べで、「こいつは信頼できないな」と危険信号を発するのは、どのような人でしょうか?

２０００人以上の取調べや事情聴取を経験すると、信頼できない人の特徴的な共通点を目にしたり、耳にしたりします。以下、筆者の経験に基づく信頼できない人の特徴について紹介していきます。

◉ウソをつく人

犯罪者の特徴と言えるかもしれませんが、ほとんどの犯罪者は最初の取調べではウソをつきます。罪を認めたくなかったり、罪を軽くしたかったり、真実を自分の意図する方向へねじ曲げるためにウソをつくのです。まあ、ウソをつくわけですから、信頼できないのは当たり前だとも言えます。

筆者は刑事時代に数多くの人物の取調べや事情聴取を行ないましたが、人間はウソをつくときには「**ウソのサイン**」を出します。ウソのサインは、「**話し方**」と「**しぐさ**」に出ます。

では、どのようにウソのサインが現れるかと言えば、質問が刺激となり、それを契機に「ウソのサイン」が現れるのです。ウソのサインは、話し方としぐさの片方でも両方でも構わないのですが、**２つ以上のサインが現れたらウソをついている可能性が高い**と言えます。

つまり、質問の後に複数のサインが現れた場合には、その質問に対して何らかのウソをついた可能性が高いと言え、さらに深掘りして質問していきます。

ちなみに、しぐさに現れるウソのサインについては、ウソをついている人だけに出現する特有のものではなく、緊張した人にも出ます。その見極めは非常に難しいので、話し方や会話の内容も含めて総合的に判断する必要があります。

ウソをつくのは、何かやましいことや隠したいことがあるからですが、ウソのサインは、話し方には19種類、しぐさには10種類のサインがあります。まず、話し方に現れるウソのサインについて、そのサインを引き出す質問例と、その返答例を交えながら順に説明しますので、しっかり押さえてください。

話し方に現れる19種類のウソのサイン

(1) 質問に答えることができない

質問に対して答えられずに、質問の答え以外のことを話す。

[質問例]「今日、どこで飲んできたの？」

[返答例]「今日？　残業で遅くなって全然飲めなかったんだよ」

[解　説] そもそも、質問の「どこ」で飲んだかを答えていない。答えられない理由

があるので、すんなり答えが出てこない。

(2) 質問を繰り返す

質問に答えずに、そのまま相手の質問を繰り返す場合を言う。質問に即答できないので、時間稼ぎをしている。

[質問例]「今日、どこで飲んできたの?」

[返答例]「え? 今日、どこで飲んできたかって? えーと……」

[解　説] 質問をオウム返しにして返答を考えている。何かやましいことがある可能性がある。

(3) 質問する理由を質問で返して様子を伺う

質問された理由を質問で返して、相手がどんな情報を握っているのか様子を伺う。

[質問例]「今日、どこで飲んできたの?」

[返答例]「え? なんで、そんなこと聞くの? なんかあったの?」

[解　説] 質問返しで時間稼ぎをしたいのと、相手の様子を見ながら返答を考えている。何か言えないことをしている可能性がある。

(4) 簡単な質問が理解できない

よく考えなくても答えられる簡単な質問に対して理解を示さない。

［質問例］「今日、どこで飲んできたの？」
［返答例］「え？　どういうこと？」
［解　説］どこで飲んできたかという質問に対して、質問の意味がわからないふりをして時間稼ぎをしている。

(5) 辻褄《つじつま》の合わない話をする

会話の中で説明が二転三転して話の筋が通らない。ウソをついているので、いろいろな方面から話を聞かれると、筋が通らない話になりがちである。会話の内容に矛盾を感じたら要注意である。

［質問例］「3日前は、どこで飲んだって言っていたっけ？」
［返答例］「銀座だよ。最初は渋谷で飲んでいたんだけど、銀座に移動しようということで二次会から銀座で飲んだんだ」
［解　説］3日前の夜、帰ってきたときには赤坂で飲んだ話をしていた。しかし、3日後の今日は言っていることが変わり、話が矛盾している。

(6) 間髪入れずに答える

考えないと答えられない質問に対して間髪入れずに答える。これは、聞かれることを想定して答えを用意してきたためである。

［質問例］「13日（先々週の木曜日）って、どこでランチしたの？」
［返答例］「あー、渋谷駅のラーメン屋だと思う」
［解　説］先々週の木曜日のランチを聞かれたら普通は手帳を見るなど、記憶をたどらないとわからないはずなので即答できない。しかし、間髪入れずに答えているのは、聞かれることを事前に答えを予想して用意していたからであり、何かやましいことがあると予想される。

(7) 答えにならない発言をする

質問に対して答えにならない、意味不明な発言をする。

［質問例］「今日、どこで飲んできたの？」
［返答例］「そう聞かれると思っていました（良い質問ですね）（よくぞ聞いてくれました）。今日は新宿で飲んだんだよ」
［解　説］そもそも、質問されることを想定しているので、答える前にワンクッション置いている。質問を予期しているということは、何か隠したいことがあったからである。

(8) 余計な説明が多い

ウソつきは基本的には、言葉が多くなる。ウソつきは「沈黙」が嫌いなので、黙っている間を言葉で埋めたくなる。したがって、ひと言で終わる返答にもかかわらず、過度に詳しい説明をしたり、余計なことを話しすぎたりする傾向がある。

[質問例]「今日、どこで飲んできたの？」

[返答例]「え、新宿で同僚と飲んだよ。新宿の○○って中華料理屋、知っている？あそこ安くて美味いんだよね。それに開店サービスでビールが1杯100円で飲めるんだよ。結構、飲みすぎちゃってさ。客も結構入ってたなぁ。女の子の店員が全員外国人でね、若い子が多くてびっくりしちゃったよ。結局3時間くらい、そこで飲んだよ」

[解　説]「どこで飲んだのか？」と聞かれているので、「新宿」とだけ答えれば良いのに説明が多すぎる。ウソつきは多弁になるので、聞いていないことまでペラペラしゃべって、次の質問が来るのを防ごうとしている。おそらく3時間もそこにいたのではなく、他の場所に移動していて、それは隠したいのだと思われる。

(9) 返答を渋ったり、拒絶したりする

質問に対して返答するのを渋ったり、拒否したりする。もちろん、正当な理由がある場合もあるので注意が必要である。

【質問例】「今日、どこで飲んできたの？」
【返答例】「なんで、そんな質問に答えなければいけないの？　答える義務ないでしょ」
【解　説】質問に対して返事をせずにはぐらかそうとしている。

⑽明確に否定しない

否定すべき問いに対して明確に否定しない。人間には良心があるので、仮に心当たりがあっても「やっていない」「していない」と図々しいウソはつきにくいものである。
【質問例】「今日、若い女の子と飲んでいたでしょ？」
【返答例】「え、なになに、何が？　若い女の子と？　どうだったかな……？」
【解　説】若い女の子と飲んでいなければ「飲んでないよ」とすんなり否定できるはずだが、明確に否定していないということは飲んでいた可能性が高い。

⑾隠したい情報を省略して、あいまいな言葉を使う

事実を隠したいときに肝心の部分を省略して、「基本的には」「おそらく」「本質的には」「たいていは」など、あいまいな言葉を使う。
【質問例】「この不正事案で、何か知っていることはないですか？」
【返答例】「基本的には、というか本質的には、私はそのことを知らない」
【解　説】ウソをついていると、言いたくないことや隠したいことを省略して、1つ

の抽象的で、あいまいな言葉で表すときがある。

(12) 自分の印象を良くしようとする

「正直に言うと」「本当のことを言うと」「率直に言わせてもらうと」など、話の信用度を高めるような言葉を使って、自分の印象を良くしようとする。

[質問例]「今日、どこで飲んできたの？」

[返答例]「本当のことを言うと、今日は赤坂で飲んだんだよ」

[解　説] 本当のことを言っていない人は、本当のことだと信じてもらいたいために、こうした言葉を使ったりすることがある。

(13) 急に褒めてきたり、礼儀正しくなったりする

質問に関係がないのに、褒めてきたり、礼儀正しい振る舞いをしたりする。

[質問例]「このミスは、どうして起こったの？」

[返答例]「あ、それですか。しかし、〇〇課長は本当に鋭いし、頭が切れますね。細かいところにもよく気がつくし、部下からも評判もすごく良いですもんね。そのミスですか？ 私にはよくわからないのですが……。

[解　説] 人は褒められたり、礼儀正しい扱いを受けたりすると、追及の手が緩みやすくなる。これらは人間心理を読んだ行為である。

⑭ 問題を軽く扱う

やましいことがある人は、自分が問われている問題を軽く扱って、追及の手を緩めようとすることがある。

[質問例]「今回の件で社内が大騒ぎになっていることは知っているか?」

[返答例]「知らないです。だいたいね、上の人たちはこんな小さいことをすぐ問題視して大騒ぎしますけど、私にしてみたらたいした問題じゃないですよ。笑っちゃいますよ」

[解　説]　問題を小さくしようとするのは、ウソをついているためである。

⑮ 以前の発言や行為を持ち出す

「先ほど言ったように」「以前の会見でもお答えしたように」などと、過去の発言や行為を引き合いに出して説得しようとする。

[質問例]「いろいろ聞いてきたけど、本当にやっていないのか?」

[返答例]「先ほども言いましたように、私はこの会社でずっとやってきた男ですから、そんなことをするはずがありません」

[解　説]　ウソをついていると、核心をついた質問には何度も答えたくない。また、繰り返し答えているうちに、前に答えた内容と異なったことを言ったり、

矛盾が生じたりすることがあるので、答えを省略するような言葉を使う。

(16) 逆ギレする

犯罪者や、やましいことがある人は必ずと言っていいほど逆ギレする。ウソつきは追及から逃れられなくなると、感情に訴えるほかに方法がなくなる。

[質問例]「今日、どこで飲んできたの？」

[返答例]「なんで、おまえにそんなことを言う必要があるんだよ。ふざけんな！」

[解　説] 逆ギレは感情による抵抗である。逆ギレだけでなく、泣きわめいたりするのも感情に訴えて追及をかわすための作戦である。

(17) 質問の手順や方法に文句を言う

質問の手順や方法に対する不満や文句を言って、追及をかわそうとする。

[質問例]「あなたが作成した書類を見せてもらいましたが、これは偽造していますよね？」

[返答例]「え？　それは、どこから持ってきたんですか？　勝手にそんなものを見ていいんですか？　あなたに、そんな権限はないでしょう？　そもそも、やり方がおかしいですよ。私が偽造なんてするわけないでしょ！」

[解　説] 質問に対して答えたくないので、質問の手順や方法などに難癖をつけて問

題の矛先を変え、追及をかわそうとする作戦である。

(18) 神様や信用できる人を持ち出す

神様や信用できる人を引き合いに出して、自分の信用力を補強しようとする。

【質問例】「本当に盗んでいないのか？」

【返答例】「何度言ったらわかってくれるんですか？　神様に誓って、絶対にやっていないですよ!!」

【解　説】ウソをついている者は自分に信用がないことを認識しているので、神様や信用できる人を引き合いに出して自分の信用力を高めようとする作戦である。

(19) 真実の話で説得する

内容が真実で、誰も反論できない話をする。そのような話には説得力があるので、「言われてみれば確かにそうだよな」というように、相手の話を信じてしまいがちである。

【質問例】「横領したのは間違いないのか？」

【返答例】「私が過去5年間、全社で営業成績トップなのはご存知ですよね？　その私がお客様から預かった手付金に手をつけるなんてことをすると思いますか？　そんなことをするほど、私は馬鹿じゃないですよ。よく考えてみれば、わかることじゃないですか」

［解　説］営業成績がトップで実績を上げてきたのは事実なので、それを言われると「確かに、そんなことはしないかもなぁ」というように、追及の手が緩む結果になりかねない。相手はそれを狙っているので真実の話はスルーして（受け流して）問題の所在のみ明らかにすることに注力するべきである。

続いて、ウソをつく人のしぐさに現れるサインについても簡単に説明しておきます。

しぐさに現れる10種類のウソのサイン

(1) 自律神経信号が現れる

質問の直後に「顔が赤くなる」「顔が青くなる」「汗をかく」「手が震える」など、自律神経信号が現れる。最もコントロールが難しいのは、この自律神経信号なので、質問した直後は顔や手などによく注目する。

(2) まばたきが多くなる

通常、まばたきは1分間に男性で20回程度、女性で15回程度と言われるが、ウソをつくと2倍、3倍になることもある。また、緊張すると、まばたきは多くなるので、ウソをつくことで緊張度が高まっているとも考えられる。

(3) 反応しない、反応が遅い

質問に対して反応しない。あるいは反応が遅くなる。答えに迷っているため、反応できないのである。言い換えれば、「固まる」「フリーズする」というイメージ。

(4) 目をつぶる、隠す

目をつぶって話したり、隠したりするのは騙している相手を見たくないために、自然にそのようなしぐさになる。また、話すときに目をつぶっていたほうが、ウソをつきやすいという面もある。

(5) 顔に手をやる

質問を受けた瞬間に、手であごや鼻を触わる。ウソをつく人には「言ってはいけないことを言っているから、口を塞がないといけない」という理性が生じるが、口を塞ぐと話せなくなるので顎《あご》を触ったり、鼻を触ったりして誤魔化す動作になりがちである。

(6) 唾を飲む、咳払いをする

質問されて答える前に唾を飲む。または、咳払いをして時間稼ぎをする。

(7) 肩が揺れる

記者会見などで立って話をしているときに出やすいしぐさであるが、ウソをついている場合には肩が左右に揺れるのが特徴。

(3) 反応しない、反応が遅い

(4) 目をつぶる、隠す

(7) 肩が揺れる

(8) 物体と身体の支点が動く

◎しぐさに現れる10種類のウソのサイン

(1) 自律神経信号が現れる

(2) まばたきが多くなる

(5) 顔に手をやる

(6) 唾を飲む、咳払いをする

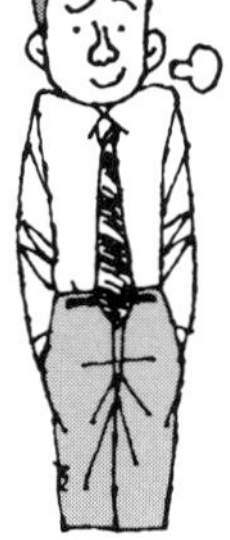

(9) 身振り・手振りがなくなる

(10) 整理整頓のしぐさをする

⑻ 物体と身体の支点が動く

ウソをつくと、物体のどこかに触れている身体の支点が動き出す。例えば、椅子に座っている場合は椅子の肘かけと肘、座椅子部分と臀部、背もたれと背中、足と地面などの支点が動く。この支点の動きに伴い、手が持ち上がったり、お尻が小刻みに動いたりする。

⑼ 身振り・手振りがなくなる

今まで話していたときには身振り、手振りが頻繁に出ていたのに、質問によって身振り、手振りがなくなる。あるいは手をポケットに入れたり、腹の前や後ろで組んだりする。

⑽ 整理整頓のしぐさをする

「ネクタイを締め直す」「スカートのしわを伸ばす」「机の上の文房具を揃える」「メガネをかけ直す」など、身の回りを整理整頓するような動きをする。ウソをついていると心が乱れるため、その乱れを整えようとするしぐさになりがちである。

◉感情を露わにする人

自分に非があったり、やましいことがあったりして追及されると、ウソをついて誤魔化そうとするのは人の性《さが》です。そして、相手から追及を受けているときに、うまく誤魔化せなくなって自分が不利になってくると、感情を露わにして抵抗する人がいます。例えば、大声を出したり、泣きわめいたりして、感情がむき出しになるようなケースです。
これは、「**感情による抵抗**」というものです。ウソで逃れられなくなると、最後は感情に訴えて、なんとか追及をやめさせようとする心理作戦なのです。

ですから、刑事は感情を露わにする人間には注意を払います。何かやましいことがあると判断し、つまりは信用してはいけない人物と見るのです。

筆者は刑事として様々な人を見てきましたが、感情を露わにする人物は非常に多くいました。そして、そのほとんどは、なんらかのウソをついていました。

若手の刑事時代に、下着泥棒の取調べを担当した事件がありました。この事件は、深夜、あるアパートの一階のベランダに洗濯物として干されていた女性用の下着が盗まれたというものでした。

犯人は、下着を盗むところを家人に発見され、逃走しました。数時間後、警ら（パトロール）中のパトカーが現場から数キロ離れたコンビニエンスストア（以下、コンビニ）で犯人によく似た服装の男性を発見しました。そして、警察署に任意同行させて、当直中の筆者が取調べを担当することになったのです。当初は何を聞いても、「そんなアパートには行っていない」「買い物をしていただけだ」と容疑を否認していました。

しかし、被害者の女性を警察署に呼んで、取調べを受けている男の顔を透視鏡から確認してもらったところ、「この男に間違いない」という証言を得たのです。事件当時、被害現場のベランダは街灯の光で照らされており、犯人の顔がはっきり見えたということでした。男は取調べの最初の頃、少なからず言葉を発していたのですが、徐々に黙るようになり、数時間経つとしくしく泣き始めました。

「刑事さん、下着なんて盗《と》ってないですよ。許してください!!」

筆者は、**感情を露わにすることが、悪事を働いた被疑者の追及をかわす最終手段**であると考えていましたので、冷静に男の態度を見ていました。彼はその後も泣いていましたが、1時間ほどして突然「盗《と》りました……」と自供したのです。「泣けば許してもらえるかと思ったんだけど無駄でしたね」と、ぼそっと呟いたのが印象的でした。

このように、感情を露わにする人は、ウソをついていたり、真実を隠していたりする可能性が高いので注意が必要です。

◉「絶対」を多用する人

取調べをしていると、「絶対に盗《ぬす》んでいません」「絶対に言っていません」「絶対に儲かります」などと、「**絶対に**」という言葉をよく使う人がいます。この「絶対」という言葉には、その後に続く言葉を強める目的があります。つまり、その後の言葉にウソがあって信用力が弱い場合に強調する役割があるのです。また、自分の発言にもう少し説得力を加えたい、自分の発言に自信を持ちたいときにも「絶対」を使用します。

そもそも、「絶対」という言葉は、あいまいな表現ではなく断言するときに使用しますよね。断言するということは、自分の言葉や行動に自信を持っているからです。

でも、常識のある人は「絶対はあり得ない」ということをよく知っており、言い切る言葉を使うのを躊躇するものなのです。ですから、遠回しの言い方をしたり、あいまいな表現を用いたりして、その「絶対」に至らなかったときの保険をかけておきます。

一方、「絶対」という言葉を多用するタイプの人は、絶対的な自信があり、発言の際にも口癖となって表れます。自信家の人に多く、時に横柄な態度を取ったりすることもあります。

また、「絶対」という言葉は、会話の中に加えられることによって、相手を強要する力を持っています。「絶対買ってね」「絶対申し込んでね」というように、強く相手に求めているときに使うと効果を発揮します。ですから、「絶対」という言葉を使用することで、相手に断われない状態をつくり出そうとしているのです。聞いた側も「絶対」と言われると、回答にあいまいな表現を使いにくくなり、「はい」「いいえ」で答えなければならないという心理が働きます。

したがって、「絶対」は、詐欺師が相手を誘導する場合によく使う言葉なのです。このようなときは、相手の誘導に乗せられないためにも、きちんと「いいえ」と断われる勇気を持つことが必要になります。

「絶対」という言葉を多用する人は、信頼できませんので注意しましょう。逆に言えば、自分も安易に使わないようにしたほうがいいでしょう。

◉責任転嫁をする人

あなたの職場や友人の中に、立場が悪くなると責任転嫁する人はいないでしょうか？

責任転嫁とは、自分の失敗を他人のせいにしたり、できない仕事を他人に押しつけたりするなどの行動を言います。

筆者が取調べをした被疑者の中にも、自分の責任なのに「あいつが悪い」「俺に責任はない」と責任転嫁する人がいました。自分の非を素直に認められない人には、次のような特徴があります。

まず、プライドが高いタイプに多く見られます。例えば政治家、経営者など、社会的立場が高い人によく見られる傾向があります。自分の失敗や間違いなどの自分の非を認識しつつ、プライドが許さないため、責任転嫁をします。失敗や間違いの原因を自分以外のところに探して人のせいにし、責任の所在をその人のほうに移していきます。

また、自己主張が苦手で気が小さい人も責任転嫁をすることが多いと言えます。そうした人は、説明や弁解をすることが苦手なので、自分の責任を追及されると、その責任を転嫁して逃げたくなります。そのため、「どうにか自分の責任にはならないように」と、失敗の言い訳のために責任転嫁するのです。

こういう人は、自分だけが嫌われているという思い込みや、自分だけが無視されているという発想を勝手に展開させるので、周囲の人と思うように会話ができず、コミュニケーションを図ることができません。その結果、さらに被害妄想が進んで責任転嫁するようになるという悪循環に陥ります。

加えて、見栄っ張りなタイプも責任転嫁することが多いと思います。見栄っ張りな人は、周囲に自分の弱みを見せることや失敗した自分を見せることができない場合が多く、完璧な自分を演じ続けるような行動が目立ちます。

人は生きていれば、潔く責任を取らなければいけないときもあります。そんなときに他人に責任を押しつけるような人間が、誰からも信用されないのは当たり前です。

企業の不祥事が起こったときの謝罪会見を見ると、代表者や役員が「私の責任ではなく……」「わが社に責任はなく……」といったように責任を回避する場面がよくあります。素直に頭を下げたほうがよっぽど信頼回復につながるはずです。

⊙気まぐれで一貫性がない人

取調べをしていると、その都度言うことがコロコロ変わる人がいました。つまり、気まぐれで一貫性のない人のことです。感情的に不安定な場合もあるかもしれませんが、とにかくブレます。こうした人は、他人から意見されたりすると、すぐに影響を受けるので、そんな人が経営者の場合には経営方針がコロコロ変わってしまい、経営は安定しません。

一貫性がない人の特徴は「考えに軸がない」「言っていることが毎回違う」「口がうまい」「適当なことを口にする」といったことが挙げられます。また、自分を取り繕うのがとてもうまいです。その場その場の思いつきで話をしていくので、なんとなく胡散臭《うさんくさ》い印象を感じるのです。

一貫性がない人は、言葉や行動に責任感を持っていないため、話をするときには適当なことばかり言いますし、行動も予測不能です。また、一貫性がない人は気が短く飽きっぽいため、集中力が持続せず、物事を浅く捉えるといった特徴があります。

このように、常に言っている内容が変わるので、話に矛盾が生じることが多く、信用できなくなってしまうのです。

あなたの会社にも、「昨日と今日で言っていることが全然違うよ！」とツッコミたくなる上司はいませんか？　当然ですが、そんな上司は部下から信頼されません。

その一方、一貫性がある人は物事の初めから終わりまで考え方を変えずに行動します。それは集中力があり、物事を深く考え、長期を見据えているからです。「あの人にはあの人の考え方ややり方がある」というように思われ、軸がしっかりした人はブレませんし、周りの意見や行動に合わせる必要がないのです。

どんな人間関係の中にいても、常に自分の意見をはっきりと口にし、自分の意志で行動できる人が一貫性のある人です。そのような人は、敵味方の区別なく信頼されると思います。

刑事の雑談③

Q 取調べを担当してウソを見抜けなかった犯罪者はいたのでしょうか？ もし、ウソを見抜けなかった犯罪者がいた場合には、その理由などを教えてください。

A 筆者は2000人以上の取調べや事情聴取を担当しましたが、そのすべての人のウソを見抜けたわけではありません。見抜けなかった場合もありますし、もしかしたら、まだウソをつかれたことに気づいていないこともあるでしょう。

ウソというのは、いくら本人にウソのサインが出ていたとしても「ウソをついていました」と自白して、はじめてウソが確定します。それ以外は推測でしかないのです。ですから、証拠がいくら揃っていて限りなくクロに近くても否認されると「見抜けなかった」という結論になり、「落とせなかった」ということになります。

また、筆者の経験から政治家や経営者は、普通の人とは違う意識を持っているのでウソを堂々とつくことも多く、余計にウソを見抜きにくかったと思います。ウソをつく理由が「組織を守るため」「社員を守るため」というように正当化されると、良心《りょうしん》の呵責《かしゃく》がないからです。

ウソをつくメリットが大きいと、ウソは強固になると言えます。

それから、「やっていないのに、やっているように見える人」も、真実を見抜くのは難しいですね。取調室に入れた瞬間からガタガタ震えたり、おろおろしたりする人は、やっているように見えてしまうからです。「やっていないなら、もっとしっかりしようよ」と言いたくなってしまいます。

いずれにしても、人のウソを見抜くのは刑事でも難しい作業です。生身の人間の心理を見抜くのは、それほど簡単ではないのです。

将来、AIがウソを見抜く技術を持つようになったら、刑事が不要な時代が来るかもしれませんね。

第4章

「刑事の落とし方」のポイント

刑事はどうやって落とすのか？

刑事の取調べは、基本的に犯罪に関与した疑いがある被疑者から直接話を聞いて真実を明らかにするために行ないます。もし、その相手が真犯人であれば「罪を認めたくない」と思っていたり、「なんとか罪を軽くしたい」と思っていたりするかもしれません。

真実を語らせる、つまり「落とす」のは至難の業です。これらの被疑者をどうしたら落とせるのか、その落とし方のポイントをこの章では解説したいと思います。

あくまで刑事の立場から各ポイントを紹介していきますが、ビジネスにも応用できる点が多々ありますので、自ら取調べを行なう刑事になったつもりで読んでみてください。

取調べは最初が肝心

⦿第一印象の操作

これは、取調室に入った被疑者と初めて対面するときのポイントです。

初めて会ったときの第一印象というのは、その後の取調べにも多大な影響を及ぼします。前章でも触れましたが、第一印象が相手に及ぼす影響は、皆さんが思っている以上に大きいものです。

ですから、筆者は取調べの際には**「服装」**にも気を使いました。特に重要な事件の取調べを担当したときは、クリーニングに出した奇麗なスーツとワイシャツで必ず臨みました。被疑者もどんな刑事が担当するのか、どんな対応をされるのか身構えています。そのような初対面で良い印象を与えるために、清潔感のある服装を心がけたものです。

また、実は意外と気がつかないのは**「臭《にお》い」**です。前日のお酒は控えめにして口臭予防に気をつけたり、シャツなどが汗臭い場合は取調べの前に着替えをしたりするなど、臭いにも配慮しました。

あなたにも経験があると思いますが、飲食店などで体臭のキツイ店員が注文を取りにきたりすると、食事のテンションが下がったりすることはないですか？

あるいは、初対面の営業マンが煙草臭かったらどうでしょうか？　筆者は煙草を吸わないので、それだけで話したくなくなります。服装にしても臭いにしても、**第一印象で相手に不快感を与えない心づかいが必要**なのです。

⊙古くからの友人をイメージして接する

筆者は、相手を古くからの友人と思って取り調べることを心がけていました。取調べは基本的に一対一の戦いです。当然ですが取り調べる側も緊張します。そして、その緊張は相手にも伝わります。緊張している者同士が話しても、お互いに心を開くわけがありません。

ですから、「古くからの友人」というイメージをつくって接していくのです。これは1つの自己暗示ですが、「相手とは何年も前からの親しい友人だ」というようなイメージを膨らませて接すると、心も体もリラックスするので、自然な表情を見せることができます。こちらが自然体でいれば、相手も心を開いてくれます。

しかし、友達だとは言っても馴れ馴れしくするということではありません。初対面なのに妙に馴れ馴れしいのも、それはそれで問題です。**ある一定の距離を保ちつつ、友達のように接する**ということです。

◎友達と思って接すると、相手も心を開いてくれる

しかし、そのように装っても犯罪者の取調べとなると、「友達とは思いたくない」という感情も出てきます。そこは自分の気持ちにウソをついて「友達、友達、友達……」と念じていると、友達のようにも思えてくるものです。友達だと思えば「心から改心させたい」という気持ちにもなりますし、相手の立場になって考えようという意識にもなるので不思議なものです。

傷害事件で若い男性会社員の取調べを担当した際、その男性会社員に「刑事さんはなぜ、そんなにフレンドリーに話すんですか？　もっと刑事さんって怖いものかと思っていました」と言われたことがあります。このように、自分に対して予想に反する意外性を相手に感じさせれば、その相手もより心を開きやすくなります。

したがって、ビジネスにおいても相手に心を開いてもらうためには、友達のような意識で相手に接して親しみを感じてもらう必要があるのです。

⊙誠実に、そして紳士的に対応する

誠実とは「私利私欲をまじえず、真心をもって人や物事に対すること、また、そのさま」を言います。「人には誠実に接することが重要」ということがわかっていても、いざ取調べとなると、それができない刑事も多くいました。刑事は被疑者に対して刑事の立場で話を聞きますし、そこには自然に上下関係ができてしまい、上から目線での会話になりがちだからです。そもそも、相手は悪事を働いているわけですから、どうしても「俺はおまえを裁く立場だ」というように、見下したくなるのは仕方のないことかもしれません。しかし、追及される相手にとっては、これが一番嫌がることなのです。

「紳士的に対応する」ということも同様です。相手の行動を一方的に非難したり、罵倒したりしないで、一人の人間として紳士的に扱うということです。

悪事を働いていたり、非のある行動をとっていたりしたことがわかると、人間はその過ちだけを見て非難しがちです。しかし、そうした過ちに至るまでには社会人として、会社員として、あるいは経営者として、一生懸命取り組んできて評価されたいと思う部分もあるわけです。それらを見ずに過ちだけを非難されると、人は話したくなくなります。ですから、誠実に、紳士的に対応することが大事なのです。

筆者が意識していたのは、上から目線ではなく「**階段を下りて相手と同じ目線で接する**」ということでした。確かに、過ちは犯したけれど同じ人間です。その過ちだけを見て非難することなく、一人の人間として見ないといけないのです。

ビジネスにおいても、上司が部下の失敗についてヒアリングを行なう場面があると思います。たとえ部下であっても一人の人間ですし、**誠実で紳士的な接し方が必要**です。自分にいくら非があったとしても見下したような対応をされると、部下も気持ちが良いものではありません。そうならないために、誠実に、紳士的に対応することを心がけましょう。

取調べモードへの入り方

相手と信頼関係を築くことは取調べの第一段階です。相手が初対面であれば尚更ですが、核心をつく質問に入る前に信頼関係を築くための時間を割きます。それは、その後の取調べを優位に進めるためには絶対に必要です。では、どのようなタイミングで取調べモードに入ればいいのかという点について解説します。

取調べモードに入るタイミングとは、簡単に言えば「悪事を働いたことを知っている」ことを相手に伝える、つまり、切り出す瞬間です。一般的な話題から取調べのスタートのきっかけとなる会話なので重要です。

筆者がよく使っていた切り出し方は、次のとおりです。

例えば、任意同行により被疑者の取調べを行なう場合、「今日はなぜ呼ばれたのか、心当たりはありますか？」と切り出します。そして、全神経を集中して相手の反応を見ます。

「なんのことだか、まったくわからないんですが……」と返してくるのか、「はい、なんとなく」と言うのか、「……」と沈黙するのか、その**最初の反応に相手の深層心理が現れる**からです。

また、「○○の件だけど、君がやったんだよね」というような断定的に切り出すこともあります。これらの切り出し方はケースバイケースです。相手から話を聞くときに、自分（聞く側）がどれだけの証拠を握っているかによって切り出し方は変わります。

いずれにしても取調べモードに入るときの切り出し方をきっかけとして、本格的な取調べに入っていきます。

ここで、切り出し方についての注意点ですが、**最初から焦点を絞りすぎた聞き方は避けてください**。初めから焦点を絞りすぎると、全体像がはっきりしないで終わる可能性があります。

例えば、ある社員が売上を横領しているという悪事について聞くときに「○○会社の売上の処理について聞きたい」というように最初から焦点を絞ってしまうと、その事実しか話さなくなってしまいます。悪事を働く者には、ほとんどの場合、余罪があります。なぜなら、悪事に味を占めた者は、悪事をやめられなくなり、エスカレートしていくからです。1件が2件、2件が3件と悪事をどんどん重ねていく傾向があります。もちろん、初犯だけが発覚したケースがないわけではないのですが、すべての悪事を明らかにしたいと思う場合には、最初はぼやっとした表現で、焦点を絞りすぎずに聞いていくのが良いでしょう。

◉話す内容より話し方に注意する

相手に話しかけるスピードについて、筆者はなるべく**ゆっくりと穏やかに話す**ことを心がけていました。ウソをつく人は質問されたことが刺激になって、ウソのサインが現れます。つまり、相手にまずは質問を聞き取ってもらわないと、ウソのサインすら出ません。ですから、こちらが言ったことをしっかり聞き取らせるためにも早口ではなく、ゆっくりと話すことを心がけていたのです。

また、声のトーンは、あえて低めにして落ち着いた雰囲気をつくって話していました。実は、**低い声を出すことには、聞いている人からの信頼感が高まり、さらに話している本人も自信が深まる作用がある**のです。

逆に、高い声で話されるとどう感じるかと言えば、不思議と心が動揺して落ち着きがなくなります。女性から金切り声で怒られて落ち着く男性はいませんよね（笑）？　人は、太く低い声を聞くと心理的にも落ち着くのです。なお、男性、女性いずれの場合でも、「低い声の人のほうが高い声の人よりも社会的な影響力が強い」とみなされる傾向もあります。

考えてみると、ラジオのＤＪや人気歌手でも低い声の人が多かったりしますよね。声の与える影響は意外と大きいというわけです。

ちなみに、筆者は講演の聴講者から「声が聞きやすい」と言われることが多くあります。講演でもあえて低めに、そしてゆっくりと話すことを意識しているので、講演内容も腹落ちしやすいのかもしれません。

◉怒鳴っても敵対心を煽《あお》るだけ

刑事の取調べには、各刑事の個性が出ます。最初から怒鳴り散らす刑事もいましたし、穏やかに話を進める刑事もいました。筆者は基本的には後者で穏やかに話をして相手から情報を引き出すということに重点を置いていました。筆者の経験上、相手に対して怒鳴れば相手も興奮して怒鳴り返すか、沈黙するかしかありません。

そして、怒りというのは相手に対して敵対心を煽るだけでなく、さらに心を閉じさせてしまうので、相手は素直に真実を話そうという気持ちにはなりにくいのです。仮に悪事を認めたとしても、それは「怒られるから仕方なく認める」というもので、真実からほど遠くなってしまいます。まして罵倒されたり、人格を否定するような発言をされたら、相手はどう思うでしょうか？　おそらく腹が立つでしょうし、「絶対に話さないぞ」と心の中で決めてしまうかもしれません。

筆者が刑事として新米だったころ、痴漢をした男性被疑者を取り調べている先輩刑事の取調べに立ち会ったことがあります。先輩刑事は頭ごなしに「女好きだから、そんなことするんだろ！」「おまえは変態だよ‼」などと怒鳴っていました。

それを見ながら、「俺なら、こんな刑事には話したくないな……」と思ったものです。確かに被疑者は怒鳴られても仕方のないことをしたかもしれませんが、頭ごなしに怒鳴られて良い気持ちになる人はいません。**真実を話させるためには、敵対心を持たれないように接することが重要**です。

ビジネスでも失敗した部下に対して、つい興奮して声を荒げる上司がいますよね。まさに罵声を浴びせるという感じで激怒したりします。怒られている部下も立場を考えて、とりあえず素直に聞いているふりをするかもし

◎怒鳴るのは逆効果！

れません。しかし、内心は穏やかでないでしょう。

また、それが若い社員だとしたらどうでしょうか？

今の若者は人から罵倒されたり、怒鳴られたりする経験が少なく、ストレスに弱いので、立ち直れないくらいのダメージを受ける可能性もあります。また、なかには逆ギレして上司に反抗する者もいるかもしれません。いずれにしても、感情的に嫌われたら後々面倒なので、特に若者には冷静に接する必要があります。

◉ストレートな言葉づかいは避ける

行なった行為だけを見ると、「人の物を盗んだ」＝「泥棒」です。「人を殺した」＝「人殺し」です。また、「幼い女の子にいたずらをした」＝「変態」と言い方を変えたりします。

犯罪者の行為をストレートな言葉づかいで表現するとそうなるわけですが、犯罪者というのは、どこかに「泥棒だけど泥棒じゃない」「人殺しだけど人殺しじゃない」「変態だけど変態じゃない」といったように、自分の行為を擁護したいと考えています。

ですから、犯罪者は「この盗人《ぬすっと》が!!」とか「おまえがしたんだ!!」とか「この変態野郎!!」と強く言われると落ち込みます。他人から自分の悪事を指摘されると、そのときの行為が増幅されて思い出されるからなのでしょう。そして、そうした発言は「行為の非難」

に結びつきます。

例えば、「おまえは人殺しだ！　自分でどんなことをしたのかわかっているのか!!」と非難されて喜ぶ人間はいませんし、殺人を悪いことだと知らない人間もいません。どうしても、ストレートな言葉は「行為の非難」に結びついてしまうのです。

ですから、なるべく直接的な表現は避け、「君が殺《あや》めてしまったあの人は……」とか「勝手に持ってきてしまった物は……」などと**少し表現を柔らかくした言葉を使う**のです。そうすることで、相手（取り調べられる側）の心の負担を軽くすることができます。

ビジネスでは社内で盗難事件が発生したりすると、容疑のかかった社員から話を聞くことがあると思います。「人の物を盗むのは泥棒でしょ？」「まさか盗人が会社にいるとは思わなかったな」などと言いがちですよね。でも、こうしたケースでは、泥棒とは言わずに「人の物を断わりもなく持ってきてはいけないよね」というように、少し言葉を柔らかくして聞いていくと良いでしょう。

負うべき責任を逃がして心理的負担を軽くする

「罪を認める」「非を認める」というのは、追及を受けている本人にとっては一大決心が必要です。犯罪者ならば、事実を認めることによって刑務所に行くことになったり、会社を懲戒解雇になったり、また被害者に対して一生、償っていかなければならないという重くて暗い未来を受け止めなければならないからです。

やったことは事実だとしても、その現実から逃れたいし、責任回避をしたいものなのです。過ちや失敗を犯した人に暗い未来を受け止めさせるためには、本人の相当の覚悟と取り調べる側の心理的なサポートが必要になります。つまり、**相手が重荷を背負うための心理的負担を軽くする**ことを意識すべきなのです。

⊙相手の過ちを非難せず、その理由を考える

人間の過ちには、本人にしかわからない理由があります。筆者が20代で所轄の刑事をしていたころ、当直勤務中に次のような事件がありました。

市内のスーパーで万引き事件が発生し、交番の警察官が犯人である中年男を逮捕して警

察署に連行してきたのです。この男は店内から食料品数千円分を万引きして店長に捕まりました。男には前科があり、逮捕されることになりましたが、盗んだ理由について聞いていくと「食うものが欲しかった」と供述しました。しかし、取調べの中で、その犯行に至る経緯をよくよく聞いたところ、以下のことが判明しました。

実は、その男は前科持ちで刑務所から出所したばかりでした。真面目に働こうと思ってハローワークに何度も通い、仕事を紹介してもらって面接も受けました。しかし、すべて落ちました。前科持ちという情報が会社側の面接官にもなんとなく伝わったのでしょう。このままだと生活もできません。しかし、男はもう刑務所には戻りたくありませんでした。そこで親戚、友人に頭を下げて当面の生活費の借金を申し出たものの、すべて断わられ、手元のお金が底をつきました。そして、どうしても空腹に耐えられず、たまたま通りかかったスーパーで衝動的に万引きをして捕まったということでした。男の言い分を鵜呑みにするのは危険ですが、筆者は男の話に信憑性《しんぴょうせい》があると思いました。

確かに、万引きは責められるべき行為です。しかし、彼は刑務所から出てきたばかりで、刑務所での生活の辛さをよく知っていました。そのため、もう刑務所には戻りたくなかったのです。だからこそ、仕事を探し、また親戚や友人からお金を借りようとしました。でも、うまくいかなかったのです。そして、とうとう食べていくことができなくなり、生きるために万引きをしたのです。

さて、あなたが、この男のような境遇だったらどうしますか？

「いや、俺なら市役所に行って生活保護を受ける手続きをするよ」とか、「もっと必死に仕事を探せば見つかっただろう。本気で働く気がなかったからだよ」などと言うことは誰にでもできます。しかし、男は「生活保護」という社会のシステム自体を知りませんでした。また、刑務所から出てきた男を雇ってくれる会社が世の中にどれだけあるだろうかと考えたら、根性論も空論になってしまいます。

彼には「生きるため」という本人なりの犯行理由があったのです。「罪を憎んで人を憎まず」とよく言われます。孔子の教えで「人が犯した罪は憎むべきであるが、その罪を犯した人を憎んではいけない」という意味です。つまり、人の過ちには必ず理由があるのです。ですから、犯した過ちだけを見て責めると、責められた人は「あなたは俺のことを何もわかっていない」などと思って、本当のことを言いたくなくなるわけです。

筆者は、万引きをした男の行動に対して心から共感したわけではありません。人間なんて、その人の立場になって経験してみないとわからないことばかりです。しかし、男の言い分を理解して男の心に寄り添ったのです。それが相手に言いたくないことを言わせる最善の方法だと知っていたからです。

その後、男は改心したのか、別件の置き引きの余罪も供述しました。「刑事さんなら、わかってくれるから話します。全部奇麗に話して、もう一度刑務所で反省してきます」と男は言いました。相手が過ちを犯した理由を理解するということは、とても大切なことなのです。

⦿同じような過ちを犯す人は他にもいる

この社会では、似たようなことをする人はたくさんいます。同じような境遇で育ったり、同じようなストレスを抱えていたり、同じような立場だったりすると、同じような行動をしてしまうものです。

犯罪捜査の取調べでも罪名が同じだと似たようなケースが数多く出てきます。例えば、業務上横領罪では「金に困っている」「会社の管理が甘い」「誤魔化すことができる立場にいる」といった条件が揃うと、横領行為に及ぶ者が出てきます。これは決して珍しいことではありません。

言ってみれば、誰でもそのような立場になるとやってしまう可能性があり、ゼロとは言い切れないのです。ですから、「あなたのような過ちを犯す人は決して珍しくない」「誰しも同じ立場なら、そうなってしまうかもしれない」というように**責任を逃がす**ようにすると、話しやすくなります。

ビジネスにおいても、新入社員の業務上の失敗について検証してみると、誰しも同じような時期に似たような失敗をしていることがわかります。見習いの職人も、見習い時代には同じようなミスをして現場で先輩に叱られているものです。また、管理職でも、そうです。部下を抱えるストレスから普段飲まないお酒を飲みすぎて、飲酒上の暴力などトラブルを起こしてしまう人が後を絶ちません。

そのようなときに「そんなことをして、どうなるかわかっているのか!!」と一方的に非難されて罵声を浴びせられたら、心を固く閉ざしてしまいます。

ミスをした新入社員に対しては「そんなミスや失敗をする人はあなただけではないよ。みんな同じように失敗をするよ。それで成長していくものだよね。私だってそうだった。だから次から気をつけようよ」と言えば、失敗をした側はすごく気持ちが楽になります。また、失態のあった課長（管理職）に対して「課長が大変なのはよくわかる。俺もそうだったし、誰しもそうだよ。中間管理職のストレスはものすごい。みんな同じだよ」とフォローすれば、この課長も気持ちが楽になるはずです。

このように、相手の心の負担を軽くするようなことを言って、相手が「そうか、俺だけじゃないんだな……」などと思ってくれたら、固く閉じてしまっていた心を開いて真実を語り始めてくれます。

⦿社会やシステムが悪いことを原因にする

犯罪の原因というのは根深いものがあります。よく調べてみると、必ずしも本人の責任だけとは言い切れないケースがどうしても出てきます。例えば、凶悪犯の幼少期を聞いていくと、その育った環境に問題があるケースが多々あります。

「両親が離婚している」「養護施設で育った」「親戚に育てられた」「虐待を受けていた」「極度の貧乏だった」「親が働いていなかった」などの家庭環境です。もし、普通の温かい家庭で育っていたら、こうした罪を犯さなかったかもしれません。

ですから、取調べでは「君の育った環境に原因があるわけで、君だけに責任はないよ」「社会に問題があるから、こんなことをしてしまう人が生まれるんだよね」「政府が社会保障について、もっと真剣に考えていたら君みたいな人は出ないよ」などと、原因が他にあるように仕向けることもあるわけです。

つまり、**社会やシステムの責任にする**のです。

そうすれば、本人の責任も軽くなります。人間は自分だけの責任だと思うと、その責任を負うのが怖くなります。でも、背負いきれない責任もあります。そのような相手の場合、他に責任を逃がすと相手は話しやすくなります。

ビジネスでも、従業員の不祥事はつきものです。実は、社内の不正は、会社の管理がしっかりしていたら防げるものばかりです。例えば、商品の横流しは倉庫の在庫管理がしっかりしていれば起こりませんし、経理担当者の横領も経理業務を長年、一人の社員に任せっきりにしていた社長の責任でもあるのです。もっとしっかりチェックをして管理していたら、社員を犯罪者にすることはなかったでしょう。

そう考えると、本人だけを責めて本人だけに責任を押しつけるのは酷です。「会社の管理が甘かったのももちろん反省すべき点で、君だけに責任はないよ」と言われたら、少しは気が楽になって真実を話す気になるはずです。

「未来」は考えさせない

取調べを受ける被疑者が真実を話した後に考えることは、「この先、どうなるのだろうか?」という未来のことです。

「裁判で、どれくらいの刑罰を受けるのか?」「刑務所に行くことになるのか?」「家族とはどうなるのか?」「勤めていた会社はどうなるのか?」など、未来のことをひと通り考えるのです。

したがって、「刑務所に○年は行くことになるぞ」「会社だってクビだろう」「奥さんとも離婚するしかないよ」というように暗い未来のことを言ってはいけません。それは、被疑者が未来をイメージしてしまうと、真実を言いたくなくなるからです。

真実を話すことによって、自分には明るい未来がないということがわかれば、話すつもりでいても話したくなくなります。ですから、**暗い未来をイメージさせてはいけない**のです。通常、一般の方が悪いことをした相手から真実を聞き出そうとする場合、次のように、暗い未来を例に出して説得しようとするケースがよくあります。

「こんなことをしたらクビだ」
「バレたら警察沙汰になるぞ」
「お父さんとお母さんに連絡するしかないぞ」
「学校に知られたら退学だよ」
「奥さんに知られたら離婚でしょ」

しかし、悪いことをした相手は言われなくても暗い未来を想像しています。当然ながら、良い未来が待っているケースは少ないからです。社内で不正を働いた者は懲戒解雇や再就職の心配もするでしょう。だからこそ、未来のイメージが湧くような言葉を使うべきではないのです。つまり、「そのとき、何があったのか？」ということだけに集中して話を聞いていくことになります。例えば、次のとおりです。

「今、あなたはすごく困っていると思う。『今後、どうなるんだろうか？』ってね。でも今は、あのとき、何があったかをはっきりさせないといけない。そのうえで、私はあなたの悩みを一緒に解決したいんだ。素直に話してくれたら、きっと悪い結果にはならないと思う。だって、あなたにも事情があったんだから。だから、何があったかを教えてもらえないかな？　一緒に解決していこう」

すると、相手は「本当に悪い結果にはならないの？」と聞いてくるでしょう。

そして、あなたはこう言います。

「それは、あなたが話してくれないとわからないでしょう。だから、聞かせてもらえないかな。悪いようにならないように私も努力するから」

悪事を働いた相手から真実を聞き出そうとするときには、今は「あのとき、何があったのか？」に集中して話すべき時間だということを繰り返し、繰り返し相手に伝え、未来をイメージさせずに聞き出していきましょう。

相手が一番恐れていることを知る

本当のことを話したくない人には、話したくない理由が必ずあります。取調べでも「会社にバレたらクビになってしまう」「妻に離婚されてしまう」「刑務所に行くことになる」「親に勘当されてしまうだろう」など、理由は人それぞれです。つまり、一人で心の悩みを抱えているのです。まして逮捕されている場合には、接見に来る弁護士以外には相談できる相手もいませんから余計に悩みは深くなります。

ですから、相手がそれを話すことによって一番恐れていることは何かを推察します。通常は、「失うもの」に対して恐怖を抱えていることが多いと思います。「家族」「恋人」「仕事」「財産」「名誉」「信頼」……。失うものはたくさんあります。そして、その相手の気持ちを理解して、どのようにアプローチするかを考えます。

筆者が過去に取調べを担当した、ある傷害罪の被疑者は、逮捕後の報道発表を恐れていました。「逮捕されると、テレビや新聞で名前が公表されますよね？　そうなると、田舎の両親や親戚にバレてしまう、もう田舎に帰れなくなる」と心配していたのです。「この事件について報道発表する予定はないから安心しなさい」と諭すと、被疑者は安心したのか、すぐに事実を認めました。このように、**取調べを受ける側は、いろいろな心配をしているわけです。**

例えば、ビジネスにおいても不祥事を犯した社員は、「これを言ったら、会社をクビになるのではないか？」「認めたら、懲戒解雇になるだろう」「本当のことを話したら、警察沙汰だろう」などと、自分なりに恐れていることがあります。

そこで、「心配していることは、なんだ？」と聞いてみて恐れていることがわかったら、その心配を取り除いてやるのも真実を聞き出すための1つの方法です。

例えば、「本当のことを話してくれたら、会社としては懲戒解雇にはしない。だって、君はこれからも家族を養わなければいけないし、再就職できなくなったら困るでしょう。辞めてもらうにしても、諭旨退職ということにするから心配しなくていいよ」と言われたら、どうでしょうか？

相手は心配事がなくなり、素直に話し始める可能性が高くなります。

自尊心を踏みにじらない

あなたは、自分が嫌いな人に真実を話す気持ちになるでしょうか？

おそらく、話したくないはずです。**人は「話したい」と思っても、嫌な感情を持っている相手には話しません。**つまり、必ずしも好かれなくてもいいのですが、嫌われないようにしないといけません。

人が人を嫌いになる理由の1つとして、「自尊心を傷つけられた」ということが挙げられます。人間は誰にでも、自尊心があります。自尊心とは、自分を優秀だと思う気持ちであり、自らを尊ぶ心、つまり「プライド」です。

自尊心は人格形成や情緒の安定のために重要であると考えられていて、自分が有能であるという、いわゆる自信と自分に価値があるという自尊の2つの要素から成り立っています。自尊心の高低については、幼いころに大人から尊重され、価値を認められたか、励まされたかなどが影響を及ぼしますが、人間であれば誰でも「社会や他人に認められたい」という気持ちがあります。

例えば、あなたは、魔が差して会社の売上金に手をつけてしまったとしましょう。刑法では、業務上横領罪に該当します。そして、それが発覚してしまいました。そのとき、上司から「おまえ、親から人の物に手をつけちゃいけないと教わらなかったのか？　泥棒猫だな、馬鹿野郎！」「刑務所に行くしかないよ。一生刑務所から出てくるな！」などと罵倒されたり、人格を否定するような発言をされたりしたら、どう思いますか？

もちろん、怒鳴られても仕方のないことをしてしまったわけですが、「そこまで言わなくてもいいじゃないか……」「俺だって数十年、会社に貢献してきたじゃないか……」と思うこともあるでしょう。つまり、自らの人格まで否定されると、人は素直に非を認めたくなくなります。

筆者は政治家を取り調べる場合には、政治家としての実績や功績を事前に詳しく調べるようにしていました。そして、その実績や功績を次のように褒めながら、相手が話したくなるように促しました。

「あなたは、政治家として素晴らしい仕事をしてきましたよね。でも、人間には魔が差すときもあります。何があったのか、一緒に考えていきましょう。私はあなたの敵じゃないですよ」

このように取調べを進めると、ある政治家は「刑事さんは、私のことをよくわかってくれているね。だから、あなたには話しますよ」と話し始めたのです。

また、経営者を取り調べる場合には、社長になってからの会社の業績の推移などを調べ、次のような言葉を投げかけるようにしていました。

「ここ最近の業績は素晴らしいじゃないですか。ご苦労はあったと思いますが、経営者としての実績はすごいですね」

人間、誰にでもプライドがあります。**プライドを傷つけないということは、相手から真実を聞き出すときでも、とても大事なポイント**なのです。

味方だと思わせる

自分の性格や人間性、これまでどう生きてきたのか、どんなことで悩んでいるのか、何が不安なのか、今後どうしたいのかなどについて相手がよく知っていて、しかも理解してくれていたら、人は安心して話す気になります。

つまり、話を聞き出す側からすると、「私は、あなたのことをよく理解しているから、安心して話しなさい」と相手に感じてもらうことが最も重要なポイントになります。

犯罪捜査の取調べにおいて、犯人は孤独と戦っています。そして、これから背負うことになる大きな責任と向き合っていかなければなりません。言ってみれば、これから長い戦いに臨むわけです。重罪であればあるほど、そのプレッシャーはとてつもなく大きいものです。

そんなときに、自分を理解してくれる人がいたら心強く

◎「あなたのことはわかっている」という言葉は効果抜群！

思います。犯罪者とはいえ、誰しも一人では心細いのです。まして閉ざされた空間と世界の中では尚更です。ですから、その思いを理解して一緒に戦ってくれる同士のような存在がいたら心強いのです。

会社の不祥事でも同じです。事実を認めたら、大変な事態に陥ることはわかっています。懲戒解雇になるのか、警察沙汰になるのか、不安だらけです。そんなときに、社内調査のヒアリング担当者から「あなたのことはよくわかっているから、一緒に問題を解決しましょう」と言われたら、心強いですよね。

相手に敵ではなく、味方であると思ってもらうように仕向ける必要があるのです。

オウム真理教事件における警視庁刑事の取調べ

ここで、刑事の取調べによる「落とし方」で、とても参考になる事例を紹介します。その事例は警視庁で検挙した「地下鉄サリン事件」の取調べです。

この事件は、1995（平成7）年3月20日に東京都で発生した同時多発テロ事件です。東京都内の帝都高速度交通営団（現在の東京メトロ）の複数の地下鉄車内で、化学兵器として使用される神経ガス・サリンが散布され、乗客や駅員ら13人が死亡、負傷者数は約6300人の世間を震撼させた事件でした。

当時、警視庁が中心となって捜査を行なったわけですが、サリンを散布した実行犯の林《はやし》郁夫《いくお》受刑者を取り調べた警視庁のI刑事は彼を全面自供させた凄腕刑事でした。これは「落とし方」という点で現職の刑事でも非常に参考になります。詳細は、林郁夫受刑者の手記『オウムと私』（文藝春秋）を読んでいただきたいと思いますが、ここでは筆者が同書を読んで感じた取調べのポイントについて述べたいと思います。

⦿初期の取調べから紳士的に扱った

初めて取調べを体験することになった林受刑者に対して、I刑事は逮捕事実となった過ちについて怒鳴ったり、攻めたりせず、最初から紳士的に接したことで、林受刑者からの信頼を最後まで失いませんでした。最初の印象や接し方は取調べなど真実を聞き出すときに非常に重要であることを物語っています。

⦿オウム真理教について批判しなかった

I刑事は、林受刑者がオウム真理教に「心の救い」を求めて入信したということを理解し、その気持ちに反するような批判はしませんでした。組織を批判することは彼の生き方をも批判することになります。彼の気持ちに寄り添うことによって、さらに信頼を深めたと思います。

⦿自ら心を開いて接した

I刑事は自ら胸襟《きょうきん》を開き、自分の思い、生き方まで開示して誠実に林受刑者と接していました。心を閉ざしていた林受刑者は「これ以上、心を閉ざしておくのは難しい」と思うようになったと記しています。心を開かないと相手の心は開かないということを明確に証明しています。

⦿取調べの姿勢を一貫して変えなかった

元医師としての林受刑者にI刑事は敬意を示し、あえて「林先生」と呼び、取調べのときの対応も一貫していました。自白を強要せず、心の琴線に触れることによって心を開かせ、自然な形で話をさせようと努力した結果、全面自供に追い込んだと言えるでしょう。

⦿犯罪者ではなく、一人の人間として接した

「犯罪を犯したけれど、対等な人間として扱ってくれていると思えたことが、私の心を立て直す支えになりました。Ｉさんには、とても感謝しています」と林受刑者は記述しています。一人の人間として接することが、林受刑者の良心を目覚めさせたのではないでしょうか。

Ｉ刑事の誠実な対応によって、林受刑者はついに「私がサリンをまきました」と口を開き、供述を始めました。

１９９５年5月16日、林受刑者の自供を受けて警察は、オウム真理教の教団施設に対し、強制捜査を実施しました。札束を抱えて隠し部屋に潜んでいた教祖の麻原彰晃（松本智津夫元死刑囚）は、地下鉄サリン事件の首謀者として逮捕されました。結果として、林受刑者の自供がオウム真理教の解体へとつながったのです。そして、林受刑者はあらゆる事件の起訴事実を全面的に認めました。

１９９７年10月7日、林受刑者の裁判に出廷したI刑事は、この公判で「警察は林と地下鉄サリン事件との関係をつかんでいなかった」と主張しました。それにより、検察は林受刑者の自供を「自首」として認め、結果的にサリン事件実行犯で唯一の無期懲役という

求刑につながったのです。

取調べにおいて頼れるものがなく、頼れる人もなく、たった一人で戦っているのが犯人（被疑者）です。その心にどれだけ寄り添って、信頼を勝ち取ることができるか。つまり、「私は、あなたのことをよくわかっています。だから安心して話してください」と心から言えるかどうか。これが究極の落とし方ではないかと思います。

刑事の雑談④

Q 刑事を辞めて独立する人はいるのでしょうか？ 独立して何が変わりましたか？

A 筆者の知る限り、刑事から独立を考える人はまずいません。なぜかと言えば、そもそも刑事は警察官であり、公務員です。安定した仕事を捨ててゼロから何かをつくり上げるという発想がそもそもありません。

私の警察時代の同期生や同僚も「独立なんて絶対できない。そもそも何をすればいいのか、まったくわからない」と言いますから、筆者は、かなりの変わり者だと思います。

独立して変わったことは「時間の使い方」です。刑事時代は時間だけでなく、すべてにおいて管理されていましたが、今はフリーです。何時に起きようが、寝ようが、いつ休もうがまったく関係ありません。しかし、それだけ責任が重くなりました。組織が管理してくれない以上、自分を律して管理しないといけないからです。

一方、組織に所属していると無駄な会議もあるし、上司に気に入られないと好きな仕事もできないという面がありますよね。しかし、独立すると、それがないのでストレスフリーです。毎日刺激的で本当におもしろいです。

第5章

真実を語らせる証拠の集め方と使い方

ウソをつく人が恐れるもの

人間社会では、次のような場面に遭遇することがあります。

- 会社で社員がミスをして、その原因を上司にあれこれ言い訳している
- 取引先の不正行為が発覚して、自社の担当者が社長に弁解している
- 夫婦間で浮気が発覚して、夫が妻に言い訳している
- 子供が悪いことをして、父親に怒られながら言い訳している
- 学校で生徒が校則違反をして、先生に言い訳している
- 犯人が犯した罪を隠そうと刑事に弁解している

つまり、このような場面では「真実を暴こうとする立場の人」と「暴かれまいとする立場の人」が戦っており、まさに「言いたくないことを聞き出そうとしている場面」でもあります。あなたにも少なからず、こうした後者の「暴かれまい」とした経験があるのではないでしょうか？

そんなときのあなたは、心臓がバクバクと速くなって動悸を感じたり、息切れがしたりして顔面も紅潮し、喉も異常に乾いたりするでしょう。怖くなって相手の目もろくに見ることができないかもしれません。

そして、真実の発覚を恐れる者は、言い訳をしたり、弁解するなかでウソをついたりします。それは、真実がバレてしまうと、自らが不利益をこうむるからです。

例えば、浮気が原因であれば、相手から「もう別れる！　離婚だ!!」と離婚届を突きつけられることもあります。また、会社内の不正であれば、懲戒解雇になるかもしれないし、警察沙汰になるかもしれません。校則違反を素直に認めた生徒は、停学になる可能性もあります。

犯罪者の場合、犯行の事実を認めると逮捕されます。罪の程度によっては、刑務所に収容されるかもしれません。また、ニュースで実名報道をされれば親戚や家族、友人にも知られて、一人の人間として築いてきた信用や社会的地位も失います。心理的な影響は相当なものですし、生半可な精神力では耐えられないでしょう。ですから、ウソをついたり、黙秘したり、様々な方法で対抗するのです。

しかし、結局のところ、真実が明らかになると、真実を隠そうとしていた人にとって良い結果は待っていません。

真実を暴かれまいとする人は必死に防御しながら、自分の立場が少しでも有利になるように戦っているのです。

真実を語ることで自分に降りかかるものが大きければ大きいほど、また失うものが大きければ大きいほど人は口を堅く閉ざします。そのような状況でも、刑事は口を割らせて被疑者が言いたくないことを聞き出そうとしなければいけません。この点から、刑事の取調べがどれだけ厳しい仕事であるか、想像していただけるかと思います。

では、このように真実を隠して抵抗する人が「一番恐れているもの」は何でしょうか？ それは何かと言うと、「**証拠**」です。真実を証明するものが証拠だからです。真実を隠そうとしている人や真実を歪曲しようとしている人にとって、証拠はとても邪魔なものです。もし、証拠を出されたら、真実は何かということがわかってしまいます。つまり、ウソつきは相手が「どんな証拠を握っているのか？」をとても気にしているのです。トランプゲームでも、相手がどんなカードを持っているかを常に気にしますよね。それと、まったく同じです。

ちなみに、証拠とは、ある命題の真偽や存否を判断する根拠となるものを言います。ここでは法律論について言及するつもりはないので、一般の方でもわかりやすく説明したいと思います。特に、犯罪捜査の世界では「証拠が命」です。証拠がなければ逮捕もできないし、起訴もできません。つまり、「犯罪が発生したとしても証拠がなければ、犯人を捕まえられない」ということになります。

例えば、人を殺そうとする者が用意周到に犯行を計画したとします。最も重要な証拠となる死体が発見されないように偽装し、他の証拠も一切出てこないように綿密に計画します。その計画どおり、犯行を実行すれば証拠はないので、捜査機関も事実を立証することができません。つまり、推理小説のような完全犯罪が成立し得ることになります。

実際に警察の捜査があまりにも杜撰《ずさん》だった結果、無罪判決が出た事件はあります。証拠は存在したものの、証拠能力に問題があるなどの理由で無罪になったケースです。特に、戦後の混乱期の事件処理では、犯人に自白を強要したり、証拠が乏しいにもかかわらず、見込み捜査が行なわれたりして、そのような結果を招いた例があります。戦後の混乱期に発生した事件とはいえ、捜査機関として反省すべき事実です。

つまり、**証拠は取扱いを間違えると、真実すらも曲げてしまう可能性がある**わけです。

先ほど、「完全犯罪が成立し得る」と述べましたが、人間のやることですから、どこかに証拠は残るものです。それをあらゆる方法で見つけ出して収集し、犯人をつき止め、逮捕して有罪まで持っていくのが刑事の仕事です。犯罪者と刑事の知恵比べとも言えるかもしれません。
このように、真実を追究するためには「証拠」が非常に重要な役割を担うことはご理解いただけたのではないかと思います。

犯人は現場になぜ戻るのか?

証拠の意味合いを正しく捉えるために、犯人の心理についても学んでおきましょう。
刑事ドラマを見ていると、ベテラン刑事が次のような言葉を発することがあります。

「犯人は必ず現場に戻ってくる」

そして、ドラマの中の刑事は犯行現場で何日も張り込みをして、現場に戻ってきた犯人を捕まえます。「そんなに簡単に犯人は現場に戻ってくるのだろうか?」と疑問に思う方もいるでしょうし、「そもそも、犯人は本当に現場に戻ってくるのか? ドラマの中だけの話ではないのか?」と思う方もいるでしょう。

それらの疑問に対する筆者の答えは、「実際に、犯人は現場に戻ってくる」です。つまり、刑事ドラマ上の作り話ではなく、犯人は現実として現場に戻ってきます。

さて、なぜ犯人は現場に戻ってくるのでしょうか？

ここで、犯人の心理を考えてみましょう。

罪を犯した者が最も興味があること、それは「自分が警察に捕まるかどうか」です。殺人事件などの重大犯罪を起こした犯人なら尚更です。連日のようにニュースやワイドショーで事件が報道されますし、警察の捜査の進捗が気になって仕方がないでしょう。刻一刻と忍び寄ってくる警察の足音に怯えながら生活しているのがまさに犯人の心理です。

例えば、電車に乗っていても、チラチラと自分を見るスーツ姿のサラリーマンが刑事に見えたりします。また、自動車を運転中にパトカーとすれ違うと、「もしかして自分を捕まえに来たのでは？」と思うこともあるでしょう。そのような緊張感を持って逃走生活を続けていると、安心感を求めたくなります。「警察には捕まらない」という安心感です。

さて、もし、あなたが犯人になってしまったら、自分が警察に捕まるかどうかはどうしたらわかるのでしょうか？

まさか警察に聞きに行くわけにはいきませんし、自分で情報収集をして予想を立てるしかありません。そのうえで捕まらないための逃走生活の仕方を考える必要があるのです。

端的に言えば、警察に捕まるかどうかは「現場に証拠を残してきたかどうか」が大きく影響します。そのため、「犯行現場に指紋を残さなかっただろうか？」「逃走時に捨てた凶器は見つかっていないだろうか？」「目撃者はいなかっただろうか？」「現場付近に防犯カメラが設置されていなかったか？　カメラが設置されていたら、どう映るだろうか？」など、犯人にとっては警察から逃げている間、「現場に証拠を残していないか？」ということが最大の関心事になります。

犯人の心理としては、毎日毎日、警察に捕まるのではないかと不安に苛《さいな》まれているのです。つまり、「俺が犯人だということを警察は気づいていないから、捕まらない。大丈夫」という心理的な安心感がどうしても欲しくなります。「だったら、自首したらいいのに……」と思う方もいるでしょう。そうですよね。自首したら、そうした不安感から解放されて楽になれます。

「逃げるのに疲れたから出頭した」

これは、自首してきた犯人がよく言うフレーズで、逃走していた犯人のホンネだと思います。警察の目を掻《か》い潜《くぐ》って逃げ続けるというのは相当神経をすり減らしますから、疲労困憊《こんぱい》になるのも頷けます。

さて、それでは「警察に捕まらない」という安心感を得るために犯人は何をするのでしょうか？

まずは、犯行時の記憶を思い出すことから始めるでしょう。自分が行なった犯行の状況をできる限り鮮明に思い出して証拠を残してこなかったかどうかを考えます。しかし、それだけでは、どうしても不安になります。飲酒した後の犯行だったり、突発的な犯行だったりすると、記憶がどうしてもあいまいになります。そこで、どうするか？　犯行現場に戻るのです。

現場に戻って「ここから侵入して、ここを通って、こうやって外に出たから……」と犯行当時を思い起こして「防犯カメラはないな？」「ここでは誰にも見られていないな？」などと、証拠を残していないかどうかを確認するのです。そして、「大丈夫だな……」とほっとして現場を離れ、またしばらく逃走生活を過ごすわけです。

◎犯人は現場に戻ってくる

つまり、犯行現場に証拠を残していないことを確認して当面の安心感を得るために、現場に戻るのです。これは、犯罪者の心理をよく物語った行動と言えます。

犯人が現場に戻った事件が現実にあります。

大阪府寝屋川市で発生した「寝屋川中1男女殺害事件」です。この事件は、2015（平成27）年8月13日に大阪府寝屋川市に住む中学1年生の女子Aと男子Bが行方不明となり、それぞれ遺体となって発見された事件でした。

8月13日未明、京阪本線寝屋川市駅前のアーケードを歩く二人の姿が防犯カメラの映像として残されており、午前5時ごろに防犯カメラに映ったのを最後に二人の足取りが途絶えました。午前5時11分と午前5時17分に、当時45歳の男Yの軽ワゴン車が走行するのを近くの防犯カメラが捉えていました。

8月13日午後11時半ごろ、高槻《たかつき》市の物流会社駐車場で女子中学生Aの遺体が発見されました。遺体は粘着テープで縛られ、左半身を中心に30箇所以上の切り傷がありました。司法解剖によって、死亡推定時刻は午後7時半ごろ、死因は窒息と判明しました。この遺体発見の直前である午後10時34分から11時10分ごろまで不審な車が停車しているのを現場近くの防犯カメラが捉えていました。

また、捜査本部は防犯カメラの映像などから、不審な車の所有者が男Yであることを特定しましたが、Yは過去に同じような前科があり、２０１４年10月に出所したばかりでした。

8月21日午前1時15分ごろ、大阪府警は大阪市北区の駐車場でYの車を発見し追跡を開始しました。このとき、Yはなぜか柏原《かしわら》市の竹林に数分間だけ立ち寄りました。この場所こそ、被害者の男子中学生Bの死体を遺棄した現場でした。つまり、犯人Yは現場に戻ったのです。その後、捜査員がその場所を捜索したところ、男子中学生Bの遺体を発見し、夜になってB本人と確認しました。そして午後8時20分ごろ、大阪市城東区の路上で女子中学生Aに対する死体遺棄の容疑で男Yを逮捕したのです。

警察は被害者の一人である女子中学生Aの遺体を発見していましたが、もう一人の被害者である男子中学生Bの遺体を発見できず、容疑者として浮上したYを尾行しながら行動確認をしていたのです。その最中に、たまたまYは男子中学生を遺棄した場所を見に行きました。警察は秘匿《ひとく》で尾行していましたので、Yに気づかれることなく、男子中学生Bの遺体を発見しました。そして、この事件がYの犯行であるという確信を持ち、逮捕に結びついたのです。つまり、犯人は自分で警察に犯行場所を教えたのです。

この事件では、おそらく犯人Yは現場に証拠を残していないかどうかを確認して心理的な安心感を得たかったのでしょう。しかし、皮肉にもその行動が裏目となり、警察に現場を教えてしまい、捕まることとなったのです。

このように、**犯人は証拠の存在を気にして現場に戻る**というわけです。

浮気はこうして暴かれる!? ～証拠の集め方と使い方のケース

ここからは、ある例題をもとに「証拠の集め方と使い方」に関する解説を進めていきます。なお、「男女間の浮気」は、誰にでも身近でイメージが湧きやすい紛争だと思いますので、証拠を使ってウソを暴いていく過程を、浮気の事例を用いて説明していきます。

ちなみに、浮気と聞くと浮気調査、つまり探偵業が思い浮かびますよね。私の知人にも探偵会社の社長さんがいますが、浮気調査の依頼は相変わらず多いようです。最近の傾向として、奥さんからの依頼よりも旦那さんからの依頼が増加しているとか……。

ここでは旦那さんの浮気を例にしていますが、あなたが男性でしたら奥さんの浮気を想定して読み進めてください。

【例題】

実は、あなたの旦那さんは会社の取引先の女性Aとかねてから浮気をしており、今晩も密会して深夜に帰宅しました。

ちなみに、旦那さんは今朝、家を出る前に、「今日（10月1日）は新橋で7時くらいから会社の同僚と飲み会があるので遅くなるから」とだけ、あなたに説明をしていましたが、もちろんウソです。本当は、「六本木のイタリア料理店で浮気相手の女性Aと食事をし、その後ホテルに行った」というのが真実でした。

あなたは旦那さんの最近の態度に疑いを抱いており、旦那さんの帰宅後、お風呂に入っている間に、あなたは彼の財布の中から一枚の領収書を発見していました。

その領収書を見ると、次のことがわかりました。

①発行日時は今日（10月1日）の21時15分であること
②東京六本木所在のイタリア料理店発行であること
③ワインと料理数点を飲食したこと
④人数には「2」と刻印され、二人で来店したこと

今朝は「新橋で飲む」という話だったのですが、六本木のイタリア料理店の領収書を持っているのは明らかに不自然です。そこで、あなたは旦那さんから今晩の行動について話を聞こうと思っています。

【例題の検討①　～追及を受けた旦那さんが最初に心配すること】

お風呂から出た旦那さんは、あなたから今晩の行動について質問をされることになりました。ちなみに、あなたに領収書を見られたことを旦那さんは知りません。さて、旦那さんの頭の中には何が浮かぶでしょうか？

まずは、旦那さんがあなたに話したこと、つまり「新橋で会社の同僚と酒を飲む」というウソの話を今更変更することはできませんので、そのストーリーに沿った説明をすることになります。「同僚って誰？」「新橋のなんて店で飲んだの？」「何時まで新橋にいたの？」というように、あなたの質問は、旦那さんのウソを暴こうとしてだんだん鋭くなってきます。旦那さんはきっとドキドキしながら、なんとか平然を装って辻褄が合うように説明しますが、ふと次のような疑問が浮かびます。

「これだけ疑ってくるということは、もしかして何か証拠を握っているのかな？」

つまり、やましいことのある人が質問を受けてから最初に心配することは「**証拠の存在**」です。例えば、「飲み食いしたときの領収書は捨てたかな?」「スマホ（スマートフォン）のLINEは消したかな?」というように、自分が残した証拠を考え始めます。

なぜなら、「妻に握られている証拠が何か?」ということが事前に察知できたら先回りして、その証拠に合わせた言い訳をすることができるからです。

これが浮気を疑われている人の基本的な思考ということになりますが、悪事を働いた人は概ね相手の質問に対してウソを交えて答えながら、証拠の存在を探っていく思考パターンをたどります。すなわち、追及する側と追及される側の双方が腹の探り合いをしながらかけ引きを行なっている状況と言えます。

⦿真実を語らせる証拠の種類

「真実を明らかにするためには証拠が必要だ」ということは前に説明しましたが、証拠は、以下のように性質と機能によって分類されます。

まず、性質による分類としては、「**人的証拠**」と「**物的証拠**」があります。証拠方法が人（証人や鑑定人）である証拠を人的証拠、物（書証）である証拠を物的証拠と言います。

また、機能による分類としては、「**直接証拠**」と「**間接証拠**」があります。主要事実を直接的に証明する証拠が直接証拠で、目撃者の目撃証拠や被告人の自白などが挙げられます。一方、間接事実を証明する証拠を間接証拠（**状況証拠、情況証拠**）と言います。なお、直接証拠と間接証拠を合わせて「**実質証拠**」と呼ぶこともあります。

例えば、殺人事件において犯行を目撃したという目撃供述は、性質による分類で言えば人的証拠、機能による分類で言えば直接証拠です。

同様に考えると、犯行時刻前後に現場近くで目撃したという目撃供述は人的証拠であり、間接証拠です。また、現場に残された遺留指紋はどうかと言えば物的証拠であり、間接証拠になります。さらに、犯行の動機を書いた日記があるとしたら、その日記は物的証拠であり、間接証拠になります。

主要事実を直接的に証明する直接証拠が多数あり、それを間接的に証明する間接証拠も多数あると、事実の立証はしやすくなります。

【例題の検討②　～旦那さんの浮気を追及するために必要な証拠】

さて、例題においてあなたが、旦那さんの浮気の事実を暴くためには、どのような証拠が必要でしょうか？

イタリア料理店の領収書は「物的証拠」ですが、浮気を直接的に証明するものではないので「間接証拠」になります。

仮に、「あなたの友達が、旦那さんと女性がラブホテルに入るのを目撃したという情報」があったとしたら、その情報は「人的証拠」であり「直接証拠」になります。その他にも、できる限り多くの直接証拠と間接証拠を集めたほうが、旦那さんのウソを暴けることになるのは言うまでもありません。

◉証拠をどう集めるのか？

証拠をどうやって収集すべきでしょうか？

集めるべき証拠は、性質の分類で言えば「物的証拠」と「人的証拠」の両方です。

刑事は犯罪捜査をするにあたり、刑事訴訟法などを根拠として裁判官の令状で行なう「捜索・差押え」という手続きがあります。裁判官に捜索差押令状を請求し、発付《はっぷ》されると、それを立会人に示して事件の証拠品（物的証拠）を強制的に押収することができるのです。

仮に、捜索差押令状に記載のない物的証拠が発見された場合は、所有者や所持者に任意提出するように求めて押収（領置《りょうち》）します。ですから、事件に関係すると判断されるものは、ほぼすべて収集することができるわけです。

捜索・差押えのことを通称「**ガサ入れ**」と言いますが、事件捜査においてガサ入れは必須の手法です。つまり、強制捜査の逮捕とガサ入れはセットなのです。事件を立証するために証拠は多ければ多いほど良いわけで、被疑者を逮捕すれば当然のようにガサ入れを行なうことになります。

繰り返しになりますが、ガサ入れは物的証拠を収集するための方法です。ニュース番組でも複数の捜査員が建物に入り、大量の証拠品を入れた段ボールを抱えて出てくる場面を見たことがあるかと思います。企業が絡む社会的反響の大きい事件になると、証拠品が数千点に及ぶことがあります。

それらの証拠品は、捜査員がすべて目を通します。押収してきた証拠品から事件の立証に必要な部分を抽出し、物的証拠として記録していくのです。

一方、人的証拠は、どうやって収集すればいいのでしょうか?

これは、被害者からの事情聴取や目撃者などの参考人から話を聞いて供述調書にしたり、報告書にまとめたりして証拠化します。参考人はあくまで協力者として話を聞かせてもらうことになるので、強制的に話をさせて証拠収集することはできません。また、犯人から引き出した自白も人的証拠になりますが、こちらも無理やり言わせることはできません。

したがって、本書に書かれたテクニックを駆使して真実を聞き出して、人的証拠を収集していくことになります。

【例題の検討③　～浮気の証拠の集め方】

旦那さんのウソを暴くためには、どのような証拠を、どうやって収集するのが妥当でしょうか？

例えば、浮気が「違法行為」であって、犯罪捜査の対象だと仮定して考えてみましょう。その場合、裁判官の令状で旦那さんの所有物を押収することができます。

裁判所に請求すべき「差し押さえるべきもの」の例としては、「浮気事実」に関係する次のものが挙げられます。

- **携帯電話機やスマホそのもの、およびそれらの通話履歴、ＬＩＮＥなどのメールの記録や画像**
- **手帳、手紙類**
- **飲食店、タクシー会社などが発行した領収書**
- **Suicaなどの電子マネー、およびその乗降記録**

実際に、これらを強制的に押収されたら……、怖いですよね。おそらく、浮気する人は、ほとんどいなくなると思います（笑）。

しかし、現実として浮気は道徳的には許されませんが、法的に違反する事件ではないので、強制的に証拠品を押収することはできません。では、どうすれば良いかと言うと、「**任意のガサ入れ**」になります。

すでにあなたは、旦那さんの財布から一枚の領収書を押収しています。しかし、夫婦とはいえ、旦那さんにも個人のプライバシーがあるので、なんでもかんでも勝手に所有物を見るというのは妥当とは言えないでしょう。

本来は、旦那さんの承諾を得たほうがいいわけですが、カバン、財布、スーツのポケットなどから証拠品を探すと意外に多くの証拠が集まります。

また、自宅以外で証拠を収集しようとすると奥さんの力では限界があるので、プロに依頼することも検討しなければなりません。つまり、探偵業者や興信所を使うのです。いわゆる「浮気調査」というやつで、外出中の旦那さんの行動調査をするわけです。探偵業者はプロですから、きっちりと証拠を集めてくれます。

余談ですが、以前、ある探偵会社で調査記録を参考に見せてもらったことがあります。密会の状況について非常に鮮明な写真を撮り、わかりやすい資料にまとめられており、筆者も驚きました。あの仕事ぶりを見ると、浮気を疑われて探偵業者に依頼されたときは逃げきれないと考えたほうがいいですね。

ちなみに、探偵業者に依頼すると当然、費用がかかります。できれば、確実な証拠が掴める日を特定して行動調査を依頼したほうが費用は安くなります。

例えば一週間、行動を調査してもらって何も証拠が掴めなかったら、費用は無駄になりますからね。そこで、探偵業者から聞いた話では、奥さん（調査依頼者）に2日間の旅行を計画してもらって、あえて自宅を不在にする日をつくるそうです。それを旦那さんに事前に伝えると、旦那さんが浮気をしている場合には、その日に浮気相手と会う可能性が高くなり、その日の行動を調査すると、証拠を掴みやすくなります。獲物を罠に誘導するというわけです。

浮気をしている方は、奥さん（あるいは旦那さん）の旅行には気をつけたほうがいいかもしれません（笑）。

◎浮気を追及するときに差し押さえるべきもの

⦿証拠が足りない場合には「泳がす」

ある犯罪を認知して捜査した結果、犯人が特定されたとします。しかし、現段階の証拠を整理すると、「逮捕できるだけの証拠がない」「仮に逮捕しても起訴できない」、あるいは「余罪も把握しているが、全体的に証拠が乏しい」といったケースがあります。そのようなとき、事件を立証するだけの新たな証拠が欲しいですよね。

新たな証拠を掴むためには、果たして、どのような方法があるでしょうか？

そのようなケースでは、「泳がす」という捜査手法が効果的です。

つまり、犯人の行動を秘匿で監視しながら新たな証拠を押さえていくのです。相手はまさか気づかれているとは思っていないので、割と簡単に証拠を集めることができます。

筆者は知能犯担当刑事として、贈収賄事件の内偵捜査に何度も従事したことがあります。贈収賄事件は、いわゆる「袖《そで》の下《した》」という表現が用いられますが、公務員が職務上の便宜を図って財産上の利益を得ると成立する犯罪です。

この犯罪の特性としては、表に発覚しにくいことが言えます。なぜかと言えば、被害者が存在せず、贈賄側と収賄側の双方にメリットがある犯罪だからです。そのため、秘匿性が高く、証拠収集は困難を極めます。

捜査を開始するにあたっては端緒《たんしょ》（手がかり）となる情報がありますが、その情報が例えば「○○市役所のS建設課長が市内の□□工務店のH社長と連日飲み歩いているらしい」という断片的なものだったとします。

その場合、当然ながら、次のような事実確認をするための内偵捜査に入ります。

- **S建設課長が飲み歩いているのは事実なのか？**
- **飲食費用は誰が払っているのか？**
- **それ以外に接待を受けている事実はないのか？**
- **□□工務店が○○市役所からどの程度の仕事を請け負っているのか？**

対象者を特定したら、追跡班を決めて徹底した行動確認をします。例えば、対象者のS建設課長が業務終了後にどこに行って、誰と会うのかなど事細かに確認していきます。その結果、ある日は違う指名業者と飲み歩いていたり、週末はゴルフ接待を受けていたりしているという事実もわかってきました。また、本人の金融機関の取引先を捜査し、銀行口座元帳を取り寄せて精査すると、給料以外に数十万円の不可思議な入金があることが判明しました。さらに最近、新車を購入したにもかかわらず、預金口座から購入に伴う出金や借金もないことがわかりました。

次から次へと新事実、つまり新たな証拠が積み上がり、次の証拠が入手できました。これらをもとに事件を立件していくわけです。

- **S建設課長は□□工務店のH社長から接待を受け、毎回飲食代を出してもらっている**
- **新車は□□工務店のH社長から贈与された可能性がある**
- **賄賂《わいろ》のお金がS建設課長の預金口座に入金されている可能性がある**

また、薬物犯罪の捜査でも「泳がす」という方法をとることが多いと思います。いわゆる売人がどこから薬物を入手して、どこで販売しているのかという一連の行為は内偵捜査をしてみないとわからない点が多々あるからです。芸能人の薬物犯罪を摘発する厚生労働省の麻薬取締部や警視庁の組織犯罪対策部門などでは対象者を特定すると常時、内偵捜査をしながら新たな証拠を掴んでいます。そして、証拠が揃った段階で摘発しています。

このように犯罪捜査においては、「泳がす」という捜査手法は新たな証拠を掴む意味ではよく使われる手法なのです。

ここで、**泳がすときに注意しなければならないのは言うまでもなく、相手に気づかれないことです**。刑事の間では内偵捜査中には「絶対にヅかれるなよ」と注意喚起します。相手に捜査していることを察知されると、今までの証拠がすべて消去されたり、捨てられたりします。また、新たな犯行に及ぶ可能性は低くなるので、証拠収集ができません。場合によっては、捜査の成果がゼロに逆戻りしてしまったり、事件を立証するうえで大きなマイナスにもなったりするケースもあります。ですから、対象者に絶対に気づかれないように配慮する必要があるのです。

ちなみに、気づかれないためのポイントは、**「深追いしない」**ことです。捜査対象に「気づかれているのでは？」と少しでも感じたら無理をしない、つまり、行動確認を控えたり、内偵捜査自体を当面打ち切ったりするということです。それくらいの慎重さがあったほうが良いと思います。

【例題の検討④　～浮気の証拠を増やす方法】

では、例題に戻って考えてみましょう。旦那さんの様子がどうもおかしい、しかし、今すぐ問い詰めるには一枚の領収書では決め手に欠ける、そうなると、新たな証拠を収集するために「泳がす」という方法が使えます。浮気にはまったく気づいていないふりをして証拠を集めるのです。

例えば、収集方法は別問題として、旦那さんが深夜遅く帰ってきた日に財布の中やスーツのポケットを「ガサ入れ」して（探して）みます。二人で高級レストランに行って飲食したときの領収書や、深夜にコンビニでビールやつまみを買ったときの領収書が出てくるかもしれません。ビールなどは、もしかしたらホテルに入る前に購入したものかもしれません。このように証拠を集めていくと、なんとなく旦那さんの行動が見えてきます。

まして、旦那さんは疑われているとは思っていないので、うっかり証拠を残す可能性も高くなります。いつもはマメに消去しているスマホのＬＩＮＥの送信履歴や写真を消し忘れるという失態を犯す可能性も出てきます。相手を油断させればさせるほど、証拠を残す可能性が出てくるので、慎重かつ大胆に証拠収集を行なっていくのです。

また、外出中については先ほど説明したとおり、探偵業者を使うと証拠収集は万全になります。

◉証拠の整理と事実の組み立て

証拠が収集できたら、どのような証拠があるのか、その証拠がどのような事実を示しているのかをよく整理してください。これは、**点と点をつなぎ合わせて、1つの線にしていく重要な作業です。つまり、立てた事件の筋書き（仮説）に証拠を当て込んで事実を組み立てていく**わけです。

例えば、先ほどの贈収賄事件の例では、当初は「○○市役所のS建設課長が市内の□□工務店のH社長と連日飲み歩いているらしい」という断片的な情報から捜査が始まりました。それが内偵捜査を進めるうちに、S課長とH社長が頻繁に会っている事実、S課長が飲食店やゴルフ場で接待を受けている事実、新車を購入した事実などが浮かび上がってきたわけです。

これは、贈収賄事件を立証するうえで非常に重要な点です。1つひとつの証拠をつなぎ合わせてみると、真実が見えてきます。つまり、○○市役所が△年△月△日に□□工務店に発注した公共工事において、○○市役所のS建設課長が職務上の便宜を図った、同工務店のH社長はそのお陰で工事を受注できた、その見返りにH社長はS課長に金銭や財産上の利益を得させたという筋書きができるわけです。つまり、贈収賄罪の成立が見えてくるのです。

ここで、事件の筋書きを立てて事実を組み立てる際に気をつけるべきことは、**証拠の価値判断を誤らない**ことです。証拠の価値判断を間違えると、事件の全体像が変わってきてしまいます。例えば、Aを犯人として特定したものの、Aを犯人とするのに邪魔な（矛盾するような）目撃証言が出てくると、その証言を排除したくなります。その証言が本当に誤りなのかどうかの判断を間違えると、犯人の特定も間違えてしまう可能性があります。

簡単に言えば、事件の筋書きとはパズルのようなものです。事件と無関係の証拠は形が違うためはまりません。それを無理やりはめようとしたり、逆に事件と関係のある証拠をはめなかったりすると、事件の全体像、つまりパズルの全体の絵が変わってきたり、一部に穴が開いて不完全な絵になってしまいます。ですから、証拠については、その価値について慎重に吟味する必要があるのです。

【例題の検討⑤　～浮気の証拠の整理】

前述したように、あなたは、旦那さんの財布の中から一枚の領収書を発見し、その領収書から、次の情報を認識しています。

① 発行日時は今日（10月1日）の21時15分であること
② 東京六本木所在のイタリア料理店発行であること
③ ワインと料理数点を飲食したこと
④ 人数には「2」と刻印され、二人で来店したこと

しかし、この領収書の情報だけでは、旦那さんの浮気を決定づける証拠とは言えません。

とはいえ、イタリア料理店に誰かはわかりませんが、二人で行った事実だけは間違いなさそうです。ですから、この領収書は、浮気を裏づける「間接証拠」ということになります。まさに、決め手に欠ける証拠ですので、できれば泳がすことで証拠固めをしたいところです。

しかし、この証拠だけでも真実の解明ができないとは言い切れません。証拠の使い方次第では解明できる可能性もありますので、それは後ほど説明します（191～192ページ参照）。

◉証拠を使ってウソを暴く

証拠を整理した結果、相手から話を聞いて真実を明らかにすることになります。刑事事件ではまさに、取調べを始めるタイミングがきたと言えます。では、相手に真実を言わせるためには、集めた証拠をどう使ったらいいのでしょうか？

【例題の検討⑥　～浮気の証拠をすぐに使える場合と使えない場合】

さて、旦那さんの財布の中から発見した一枚の領収書に書かれていた情報①～④（前ページ参照）を使って、どのように真実を語らせることができるでしょうか？

証拠をすぐに使える場合

まず、あなたから質問攻めを受けている旦那さんの思考を考えてみます。

旦那さんは質問を受けながら、「あなたが握っている証拠」について、次のように考えを巡らせているとしましょう。

「スマホのメール？　……いやスマホはロックされているから見られないだろう」

「あの子と一緒にいるところを誰かに見られたとか？　……可能性としては低いなぁ」

「ホテルの領収書？　……いや、もらっていないしなぁ」

「何を見たんだろう？　なぜ疑っているのだろうか？」

このように旦那さんは必死にあなたが握っている証拠を探ろうとしても、まったく見当がつかなければ、「あー、わからん。証拠を出されたら、もう口から出まかせを言うしかないか……。なるようになるしかない」と考えるはずです。こうしたケースでは、以下のように、証拠をすぐに使うことができます。

あなたは「さっき、新橋で飲んだって言ったよね？　じゃあ、これは何？」と言って、旦那さんの前に例のイタリア料理店の領収書を差し出すと、「え……あーそれねー。えーと……」と、しどろもどろになります。

このように、旦那さんは言い訳を考えつく前に、あなたから証拠を示されると、何も答えられなくなります。そうなると、あなたから「誰と飲んでいたのよ!?」「女でしょ!?」「どこの女!?」と、厳しい質問が飛んでくることになるのです。

浮気をしている旦那さんにとっては、最悪のケースと言えるでしょう（笑）。

証拠をすぐに使えない場合

一方、旦那さんが証拠について思い出しているシーンで、以前にもあなたにカバンや財布の中を見られたことを旦那さんが思い出した場合、「あ、そうだ。イタリア料理店の領収書を財布の中に入れっ放しで捨ててなかったなぁ……」というように、あなたが握っている証拠をなんとなく推測しているケースもあります。

こうしたケースでは、あなたはどうすれば良いでしょうか？

この場合、旦那さんは当然、あなたから証拠として領収書を出された場合の弁解について考えます。

そのような状況で、あなたが領収書を旦那さんに突きつけると、苦し紛れになりながらも、様々な弁解をしてくるでしょう。例えば、次のとおりです。

「あー、その領収書？　六本木のイタリア料理？　あ、言ってなかったんだけど、新橋の居酒屋の後に六本木に行ったんだよ。そのときに六本木のビルで拾ったかもしれないな。領収書があれば経費として落とせるからね。俺、落ちている領収書を拾う癖があってさー」

あなたなら、この弁解を信じますか（笑）？

良い悪いは別として、また、あなたが納得するかどうかは別ですが、確かに落ちている領収書を拾って経費で落とす人はいます。筆者の知り合いにもいます。

こうなると、一気に形勢は逆転します。

あなたは、旦那さんを追及する術《すべ》がなくなります。あなたは「六本木で女性と浮気をしていた」という筋書きを立てていましたが、唯一の証拠を示したのに、うまく弁解されてしまったので、追及の手立てを失ってしまったわけです。あなたがどんなに怖い顔で責め立てても、旦那さんは「領収書は拾った」と言った以上、それで押し通してくるはずなので、それ以上、何を言っても証拠がなく、事実はうやむやになってしまいます。

⦿「すべて知っている」と思わせる

証拠の使い方の理解を深めるために、夫婦の浮気問題のケースを取り上げましたが、証拠の使い方を考える際に大事なポイントが浮かび上がりましたよね。

言うまでもなく、この浮気問題のケースでは、旦那さんの浮気の事実を明らかにして、その事実を認めさせるというのが最終目標です。旦那さんに浮気をした事実を認めさせたら、目標は達成されます。

【例題の検討⑦　～浮気の証拠を使うときのポイント】

あなたは、一枚の領収書を証拠として持っていて、その証拠を旦那さんにおもむろに示した結果、証拠の推測ができなかった旦那さんはしどろもどろになり、逆に証拠の推測ができた旦那さんは事前に弁解を考えていたのでうまく逃れることができました。つまり、**「証拠を示すタイミングがある」**ということです。

基本的には、証拠は簡単に示してはいけません。相手に**「簡単に手の内を見せない」**ということが、ウソや隠し事を暴くときのポイントになります。すなわち、証拠は示さずに、**「あなたの秘密は全部知っている」**という態度で接するのです。そうすると、相手はどんな証拠が握られているかわからないので混乱します。「どこまで知っているんだろう？

もしかしたら、あれもこれも、すべて知っているのかもしれない……」と、相手を疑心暗鬼にさせることができれば、勝負に勝ったも同然と言えるわけです。

また、証拠を簡単に示してはいけない理由としては、相手に頭の中を整理されてしまうことを防ぐという狙いもあります。**悪事を働いている相手に「言っていいこと」と「言ってはいけないこと」を整理されると、真実を聞き出しにくくなります。**

例えば、あなたが見つけた証拠が「領収書」ではなく、「新橋のキャバクラのホステスの名刺」だったとします。

実は、あなたは旦那さんの浮気を疑っていましたが、「キャバクラの女性と浮気しているのでは？」と見込み違いをしていたのです。そこで、風呂上がりの旦那さんに「これは何？」と名刺を差し出しました。さて、旦那さんはどう思うでしょうか？

「おー、そっちかぁ……良かった……」と内心、ほっとするはずです。それは本当の浮気の相手に関係する証拠ではなく、以前、同僚と行ったキャバクラの名刺だったからです。

そして、旦那さんは安心した顔で、あなたに次のように言うでしょう。

「その名刺は、前に同僚と行ったときの名刺だよ。それ以来行っていないし、昨日は居酒屋だけだし」

あなたが「ウソだ、この女と浮気しているんでしょ?」と責め立てたところで、証拠はありませんから、それ以上の追及ができません。したがって、旦那さんのほうが有利になってしまいます。これが、まさに「考えを整理されてしまった状況」です。

追及されている立場の人に証拠を不用意に示してしまうと、「言っていいこと」と「言ってはいけないこと」の整理をされてしまうので、追及する立場の人はまったく得るものがありません。ですから、**ウソをついている相手や隠し事のある相手から真実を聞き出そうとする際は、基本的には証拠を示さずに、相手を疑心暗鬼にさせておいたほうが有利に進む**のです。

筆者の経験から言えば、一般的に素人の方は見つけた証拠をすぐに相手に突きつけるケースがほとんどです。「これはなんなの⁉」と怒りを露わにした感じで、証拠を相手に示してしまいます。実は、これは絶対にやってはいけないことなのです。

それから、悪事を暴いていく際に必ず考えておかなければいけないことがあります。それは、「**どこまで暴くのか?**」ということです。悪事を働くような人物の場合には、多かれ少なかれ余罪があるものです。

もちろん、初犯で捕まる者もいますが、大概は他にも同様の余罪がある可能性が高いのです。例えば、浮気であれば、複数の相手と交際しているケースもあります。

また、会社の横領事件の場合、会社が把握している以上の金額を横領している可能性があります。

ちなみに、業務上の横領事件では、最初は少額から手をつけますが、そうした少額の横領を数回重ねていくと、それが発覚しなければ自信になり、犯行がだんだん大胆になってきて着服金額が増えていく傾向にあります。

例えば、最初は数千円の売上を着服していたのが、数万円になり、数百万円になるというのはよくあるケースで、あなたも「数億円の業務上横領の被害があった」という事件のニュースを見聞きしたことがあると思います。そのような事件では、一度に横領したわけではなく、横領を何度も積み重ねていたというわけです。

つまり、**悪事を働く者には、少なからず余罪がある**ということを知っておいてほしいのです。ですから、自分の手の内を明かして相手の頭の中が整理されるのを防ぐためにも、証拠は慎重に使うべきなのです。

あなたの手の内を簡単には見せずに、とにかく相手が自白してくれるように誘導していきましょう。「私は、あなたの悪事をすべて知っていますよ」と思わせること。そう思わせることができれば、相手はほぼ降伏状態で、あなたの思いどおりに真実を語り始めます。

◉悪事は罪の軽いものから話す

ここでは、立場が逆になり、あなたが悪事を働いて追及されているとします。実は、悪事がいくつかあり、すべて知られたくない事実です。このようなケースでは、あなたは、どんな心理になるでしょうか?

前節までで説明してきたとおり、悪事を働いているあなたが気になるのは「証拠」です。相手がどんな証拠を握っているのかが、最大の関心事になります。ですから、相手との会話の中から証拠の存在を確認しようとします。刑事事件でも取調べの中で犯人(被疑者)は、「刑事さん、証拠はあるんですか?」と、よく聞いてきます。つまり、犯人と刑事は、腹の読み合いをしているわけです。

そして、もし、相手が何かしらの証拠を掴んでいるのだろうと確信した場合には、いくつかある悪事の中で罪が比較的軽い事実、言い換えれば、あなたにとってバレても影響が少なくて罪が軽い悪事について「やりましたよ」と認めるでしょう。悪事を働いた人の心理として、罪を軽くしたいのは山々です。認めるなら、できるだけ罪が軽いものから認めたくなります。それで、追及の手が緩めば占めたものです。

一方、追及している側の心理としては、1つでも相手（犯人など）が認めてくれると、「良かった、認めてくれた」と喜んで、その事実（悪事）を掘り下げていくことになります。そうなると、追及されている側としては「他の悪事は隠しておけるかも」という期待が生まれ、他の悪事については隠し続けようとします。

では、相手の悪事をすべて奇麗に引き出すには、どうすればいいのでしょうか？

そのような場合、**相手が最初に認めたものは「最も罪の軽い事実」**という認識を持ち、「それは知っているよ。それ以外にもあるよね」と**追及を緩めないことが大事**なのです。そうして相手に話を続けさせ、**最後に認めた事実が実は、一番言いたくなかった真実**なのです。したがって、その最後に認めた事実を細かく深く掘り下げていくと、すべての悪事を明らかにすることができます。

⦿証拠の数で追及の方法は変わる？

悪事や過ちを犯した相手を追及するときに、証拠の数が多ければ多いほど、有利なのは言うまでもありません。

例題の奥さん（あなた）は旦那さんの財布の中だけしか見ていませんが、その気になれば、それ以外の場所や物も見ることができました。例えば、スーツのポケットやカバンの中を見る、スマホのパスワードを解除してメールを見る、電子マネーの支払い履歴を印字して見るなどです。そこまで手広く証拠を探せば、領収書以外の証拠も集めることができたはずです。

ちなみに、例題では旦那さんの財布から領収書を探し出して勝手に抜き取りましたが、これは夫婦の間柄とはいえ、妥当な行為とは言えないでしょう。旦那さんにもプライバシーがありますし、ひと言断わって了承を得たうえで見せてもらうのが妥当です。例えば、「ここに財布を持ってきてください。財布の中を見るけどいい？」と了承を得てから見るようにします。また、スマホや携帯電話についてもそうです。「スマホのメールを見たいからロックを解除して見せてください」と伝えて了承を得て見せてもらいます。浮気をしていたら、素直に見せる旦那さんはいないはずですが（笑）。

このようにして、仮に複数の証拠を手に入れた場合には、攻め方も随分変わってきます。ですから、真実を明らかにするためには広範囲に証拠を収集する作業が極めて重要なのです。

では、奥さん（あなた）が慎重に証拠収集をした結果、〝イタリア料理店の領収書〟に加えて、次の情報を入手したとします。

・スマホのLINEの送信履歴を見たところ、ところどころに消去された事実があった
・スーツのポケットから六本木のラブホテル名が刻印されたライターが発見された

この場合、どうやって攻めていくのが妥当でしょうか？

基本原則としては「証拠は簡単には示さない」ということでしたが、**どうしても相手が認めない場合には、小出しにしながら証拠を示す**方法もあります。しかし、複数の証拠をどのタイミングで、どのような順番で、どうやって示すか、というのはケースバイケースになると思います。事案の内容によって、また相手の出方によって慎重に検討する必要があります。

例題のケースであれば、旦那さんが**最も嫌がる証拠は何か**ということを考えます。

浮気という観点から言えば、「ラブホテルのライター」で、心理的に最も嫌な物的証拠だと言えます。そのため、もし右記3つの証拠（領収書、ＬＩＮＥの履歴、ライター）の中で提示して見せるのであれば、ライターを最後の奥の手として取っておくことが正解です。そして、もし証拠を示す場合、下手な言い訳をされないようにするため、次に説明するような手法を使うべきでしょう。

◉証拠を示す場合は「後出しジャンケン」

ここまでで説明してきたように、証拠は悪事や過ちを犯した人が一番嫌がるものです。だからこそ、簡単に証拠の存在を明らかにしてはいけないのです。

できるだけ、相手に証拠の存在がわからないようにすることが重要です。相手を疑心暗鬼にさせて、しかも相手に防御の作戦を立てられないうちに、真実を引き出すことが正しいのです。

しかし、相手がどうしても事実を認めない場合は、どうしたらいいでしょうか？

その場合に証拠を有効に使う方法は、「証拠の後出しジャンケン」です。これは、外堀から埋めていきながら、最後の最後に証拠を出す方法を言います。

【例題の検討⑧　～浮気の証拠の示し方】

あなたは、証拠としてイタリア料理店の領収書を旦那さんの財布の中から見つけていましたが、その証拠を簡単には見せずに、次のように外堀を埋めていきます。

あなた「あなた、昨日は新橋で飲んだの？」
旦那さん「そうだよ。それがどうしたの？」
あなた「二次会とか行ったの？」
旦那さん「あー、二次会というか、新橋駅前のラーメン屋でラーメン食べて帰ったよ」
あなた「へー、そうなんだ」
あなた「じゃあ、これは何？」（そう言った後に、証拠の領収書を示す）

「六本木には行っていない」ことを暗に言わせて、弁解の余地を潰して外堀を埋めてから証拠を示していますよね。つまり、「証拠の後出しジャンケン」です。

こうなると、旦那さんは逃げきれなくなります。新橋で同じ時間帯の領収書を拾ったというのもおかしいので、弁解が難しくなります。果たして、どのように旦那さんが弁解するのか聞いてみたいものですが、証拠はこのように使うべきなのです。

もし、いつまで経っても事実を認めない場合は、最終手段として、この後出しジャンケンが効果的です。

刑事の雑談⑤

Q **会社内で社員が売上金を横領している事実が判明しました。被害総額は数千万円になりそうですが、詳細は調査中です。事前に警察に相談したいと思っていますが、次の点について教えてください。**

① 警察の相談窓口は、どこですか？
② どのような資料を持参すればいいですか？
③ 警察からは、どのようなアドバイスがあるのでしょうか？

A まず①の相談窓口ですが、基本的に「事件が発生した場所を管轄する警察署」の「刑事課知能犯係」です。事件が発生した場所というのは、「横領行為が行なわれた場所」を指します。通常は社内だと思いますので、会社の所在地を管轄する警察署ということになります。また、仮に犯行場所が複数の場合は、主たる被害場所となり、本社での被害額が大きければ本社を管轄する警察署ということになります。

次に、②の警察に相談するときに持参すべき資料は、事案の概要が一目瞭然で判明するようなチャートなり、概要図のようなものがあると非常にわかりやすいので相談を受ける側としては助かります。

最後の③の警察からのアドバイスについては、基本的に警察の立場としては「そもそも会社内の出来事であり、本来は社内で解決すべき問題なので事件化については十分に検討するように」といったアドバイスをするものと思います。

そして、事件化にあたっての法的な問題点、また企業側のメリットとデメリット、そして今後の対応策などについて説明します。いずれにしても、会社の管理不徹底が原因であるケースが多いので、刑事罰を与えざるを得ないという確固たる会社としての判断があれば警察も事件化に向けて動くことになります。

第6章

疑惑の人物を追及して落とすスキーム

相手の知られたくないことを聞き出す手順

さて、ここまで相手の知られたくないこと（＝言いたくないこと）を聞き出すスキルについて紹介してきました。ここからは、ある人物に対して、なんらかの疑惑が生じた場合、どのような手順で真相を解明して解決したらいいのかを説明していきます。

会社の役職員（役員と職員）の不祥事や失敗の発覚、家庭内での浮気の発覚、子供の悪事の発覚……。いろいろな場面がありますが、この章で紹介する「落とし方」のスキーム（仕組み）は、すべての場面で使えます。

実は、このスキームは犯罪捜査の手法を取り入れています。考え方としては、犯罪捜査とほぼ同じと思ってもらっても構いません。

まず、疑惑が発覚した段階で周囲から情報収集を始め、証拠があれば保全します。そして、証拠を吟味して、ある程度の事実認定をします。調査の必要性があれば継続し、集まった証拠をもとに仮の処理方針を決めます。そのうえで、相手にヒアリングをして事実を明らかにするのです。一般的には、このような手順で進めます。

(1) 疑惑の発覚
(2) 証拠の収集・保全
(3) 容疑性の判断および調査継続の判断
(4) 仮の処理方針の決定
(5) 関係者のヒアリング
(6) 最終処理

疑惑の真相を解明していくときのポイントは、ヒアリングで相手の知られたくないことを聞き出すことができるかどうかという、まさに本書の目的となる点です。相手が簡単に真実を語ってくれたら万々歳ですが、否認されたり、黙秘されたりしてしまうと、結論は先延ばしになってしまいます。

ですから、相手にヒアリングして真実を語ってもらうためには、どのような手順で進めるかが重要になります。

例えば、会社内で不祥事が発覚したとします。証拠が乏しく、不祥事を起こした本人にヒアリングをしたものの、事実を認めません。せめて事実を認めてくれたら、その事実の程度に応じて本人を異動させたり、退職勧奨を行なったりすることもできたのに、会社としてはお手上げです。この状況が一番困るわけです。結果をあいまいに終わらせないためにも手順を守り、慎重にヒアリングを進めていくことが重要なのです。

会社の不祥事を社内で調査するときの基本的な手順

ここからは、会社でありがちな不祥事（ここでは不正）に関する社内調査を、どのように進めていくのかを順に解説します。その他、社会生活において疑惑が生じた場合でも、基本的に調査の進め方は変わりませんので、これを参考にしてもらうと良いでしょう。

それでは、まず社内調査を実施する前提として会社側の権限と調査に協力すべき役職員の義務について説明しておきます。

まず、会社が当該役職員に乱された秩序の回復に必要な業務上の指示や命令を発し、または不祥事を起こした役職員に対して懲戒処分を行なうために、社内調査を実施する権限が会社にあるのかどうかという点です。これは、当然ながら調査権限を有しているというのが最高裁判所の見解です。これは、根拠となる社内規定などがなくても認められています。当たり前のことだと言えますが、社内で起こった不祥事を会社が調査できなかったら会社の秩序は維持できないので、法的にも認められているわけです。

また、役職員が社内調査に協力すべき義務はどうかと言うと、調査協力義務があることに争いはないものの、無制限ではなく、当該役職員の置かれた立場によって、その義務を負う場面に差異があるというのが最高裁判所の立場です。

したがって、当該役職員が不祥事を疑われている本人であった場合も、調査協力義務を負うことになります。

一方、会社の経営者など役員の調査協力義務についてですが、管理者としてその義務を当然有しており、その役割に応じて積極的に事案の真相解明のための措置を講じる義務があると言えます。

ここからは、ある会社で起こった架空の企業不祥事のケースを用いて社内調査について説明します。イメージとしては、会社規模が社員数人～数百人の中小企業で発生した事案で、内部や取引先からの情報提供により会社は役職員の不正を把握したのに対し、その役職員は会社側が当該不正を把握していることを知らないというケースです。不正の真相を解明する社内調査の具体的な手順は、次のとおりです。なお、犯罪捜査と不祥事調査は共通点が多いので、犯罪捜査についても適宜言及します。

(1) 疑惑の発覚

犯罪捜査で言えば、捜査機関が「犯罪があると思料するとき」に開始されます。そして、捜査機関は犯罪があると思料するに至った原因を「**捜査の端緒**」と呼びます。刑事訴訟法には、捜査の端緒として、現行犯、告訴、告発、請求、自首、検視などが定められていいます。その他にもマスコミ報道や他の事件捜査に関連して犯罪事実が発覚した場合も、捜査は開始されます。

実際には、事件の被害者や目撃者からの警察への通報、または被害申告をきっかけに捜査が開始されることが多いでしょう。このように犯罪捜査は何かしらの端緒を得て、犯罪があると思料されるときに開始されるわけです。

これと同じように、企業不祥事においても「**調査の端緒**」を得ることがあります。例えば、会社の内部から通報を受けたり、取引先から情報を入手したりするなどです。そして、これらを端緒に社長や役員、場合によっては会社から依頼を受けた弁護士などが調査を始めることになります。

(2) 証拠の収集・保全

「調査の端緒」を得たら、証拠収集を開始して保全していきます。

まず、情報の真偽を判断するために情報収集をします。関係者にやんわりとヒアリングをするということです。誰からヒアリングを実施するかは、その都度検討して決定しますが、最初に、不正疑惑へ発展した情報を通報した内部通報者などから話を聞くことで情報の真偽を判断します。そもそも、そうした情報自体に誤りがあると、以後の調査方針も変わってきますし、調査する必要性もなくなるからです。

例えば、役職員の不正を知り得た者、つまり上司へ相談した職員や現場を目撃した職員などにヒアリングをします。その結果、疑惑に信憑性があり、事実確認が必要であると判断すれば、本格的な調査を開始します。

次に、証拠収集をしていきます。第5章の復習になりますが、証拠は性質や機能によって分類されます。

性質による証拠の分類は、「人的証拠」と「物的証拠」です。証拠方法が人（証人や鑑定人）である証拠を人的証拠、物（書証物）である証拠を物的証拠と言います。

また、機能による証拠の分類もあります。「直接証拠」と「間接証拠」を合わせて「実質証拠」と言います。主要事実を直接的に証明する証拠が直接証拠で、例えば目撃者の目撃証拠や被告人の自白などが該当します。一方、間接事実を証明する証拠が間接証拠です。これらの証拠を当該役職員に知られないように内密に収集していきます。

具体的には、電子メール、電子ファイル、手帳、取引関係の書類などの物的証拠と、関係者をヒアリングした供述証拠（人的証拠）を収集することになります。犯罪捜査では、物的証拠は強制手段である捜索・差押えにより確保していきます。**物的証拠は、供述証拠と比較すると記憶違いやウソが入り込む余地がなく、一般的には証拠能力は高くなります。**したがって、物的証拠をしっかり確保したうえで供述証拠を収集し、真実に近づいていきます。

証拠収集時に注意しなければならないことは、言うまでもないかもしれませんが、当該役職員に気づかれてはいけないということです。不正を働いている人物は周囲の動きに非常に敏感です。仮に、会社側が自分の不正に気づいていることを察すると、携帯電話やスマホの履歴を消したり、手帳を書き直したりするという工作に出るのは火を見るより明らかです。ですから、当該役職員に気づかれないように、証拠収集を行なう必要があります。かなりの慎重さを求められる作業になります。

◉証拠の収集・保全の状況を記録する

犯罪捜査においては、物的証拠を収集した状況の記録化は必ず行なわれます。具体的に言えば、**いつ、どこで、どのような状況で、誰から収集したかということを書面に記録し**

ていきます。

これは、捜査機関が勝手に証拠を捏造したと思われないためにも必要です。客観的に疑いようのない証拠であることを担保しておくのです。

事案によっては物的証拠が多数になって、管理に手間取ることもありますが、その場合は証拠品一覧表を作成して番号をつけるなどして管理すると良いでしょう。また、証拠品の保管には細心の注意を払い、保管場所にも留意する必要があります。

◉パソコンや携帯電話などの情報通信機器を証拠化する

情報通信技術が発達した現代において、パソコンや携帯電話、スマホなどの情報通信機器は、どんな事案でも証拠になります。業務に絡んだ不祥事（不正）であれば、パソコンのデータを閲覧したり、メールなどの文書も証拠として確認したりします。また、携帯電話やスマホも社内外との連絡手段として使いますし、通話履歴やメールといった証拠が残っている可能性が高くなります。

ここで問題になるのは、パソコンや携帯電話などの通信機器が貸与物《たいよぶつ》か私物かによって、扱いが異なるという点です。

会社貸与物の場合

あくまで会社が所有する財産であり、役職員が業務を行なうために貸与しているにすぎないため、会社はいつでも回収し、内容の分析などを行なうことができます。しかし、当該役職員が回収を拒否した場合には、力ずくで回収することは難しくなります。そこで、実際には当該役職員に気づかれないように回収し、内容を分析することになりますが、プライバシーの侵害など不法行為に該当しないよう配慮する必要があります。

このような問題を解決するためには、不正事案に備えて、あらかじめ貸与物の取扱いに関する規定を就業規則などで定め、必要に応じて会社が貸与物を回収し、内部データを分析検証できる旨を明らかにしておくと良いでしょう。また、そうした規定の内容を役職員にも周知徹底しておくことが望ましいです。さらに、そのような内容に関する同意書面を、貸与物の使用者から徴収しておくことをお勧めします。

私物の場合

会社から役職員に業務用に携帯電話などを貸与されている場合でも、私物の携帯電話やスマホを使用することがあります。**不正を犯した役職員は、発覚を恐れて貸与物より私物を使う傾向がある**ので、私物の携帯電話やスマホなどを調べたほうが有益な証拠を取得できる可能性は高くなります。

とはいえ、これらは業務に使用していたとしても私物であることに変わりはないので、会社に提出させる権限はありません。そのため、当該役職員の同意を得て提出させるほかありません。しかし、役職員が提出を拒むケースも出てくるでしょう。その場合には、「疑惑を晴らすためには提出したほうがいいでしょう」などと促して、本人から同意を得てから提出させることになります。また、どうしても提出に応じない場合は、その状況を報告書などで明らかにしておくと良いでしょう。

⦿会社内のロッカーや引き出しの中の証拠品の扱い方

企業不祥事では当然、役職員が使用しているロッカーや引き出しの中にも証拠物が隠されていたり、放置されていたりする可能性があります。しかし、いくら会社が管理している施設とはいえ、個人のプライバシーもあり、勝手に捜索していいものかという問題が生じます。過去の裁判例では、「企業が従業員の所持品検査を行なうことはプライバシーを侵害する可能性が高いので特段の事情がない限り、許されない」などと判示しています。

したがって、役職員の使用するロッカーや引き出しの中などを捜索する場合には、当該役職員の同意を得て行なうことになります。ただし、その同意も強制ではなく、当該役職員の本意により得られたものであることを担保する記録化は忘れないようにすべきです。

犯罪捜査においても証拠品の提示を拒否するということはよくあることですが、大概、それが重要な証拠になるケースが多いのです。ですから、証拠品の提示を拒否されても簡単にあきらめることなく交渉を続け、証拠を保全することを心がけてください。

⦿デジタルフォレンジック業者の活用による電子データの復元

電子メールなどの電子データは、「証拠の宝庫」と言っても過言ではなく、犯罪捜査においても電子データの分析は当たり前のように行なわれています。これは、企業の不祥事だけでなく、**世の中のすべての不正事案では電子データに証拠が潜んでいる**ということです。しかし、電子データが莫大な量になると、分析も困難な事態に陥ります。

そのような場合、**デジタルフォレンジック業者**に依頼し、調査対象となる電子データを抽出してから必要な情報に絞り込み、その情報を使って社内の担当者等で分析することもできます。

また、デジタルフォレンジック業者は、消去された電子データを復元することもできます。不祥事に関与した者が証拠隠滅のためにメールなどの電子データを消去する可能性があり、本来あるはずの情報がない場合には消去の可能性も考慮して電子データの復元をデジタルフォレンジック業者に依頼することも検討したほうが良いでしょう。

ちなみに、筆者の知人にもデジタルフォレンジック業者の経営者がおり、一度、その会社に見学に行ったことがあります。その会社では、技術力の高い外国人なども雇用しており、全国の企業などから仕事を受注し、成果を出しています。電子データの解析に専門業者を使うのは、今や当たり前の時代なのかもしれません。

⦿電子データのバックアップとハードコピーの作成

電子データは調査の過程で誤って消去したり、改変したりするケースが出てきます。したがって、事前にバックアップを取ったり、ハードコピー（印刷物）を作成したりしておくと安心です。

また、不祥事がいわゆる警察沙汰になった場合、証拠物をすべて警察に押収されると、社内での調査に支障が

◎電子データの復元、バックアップ、ハードコピーの作成

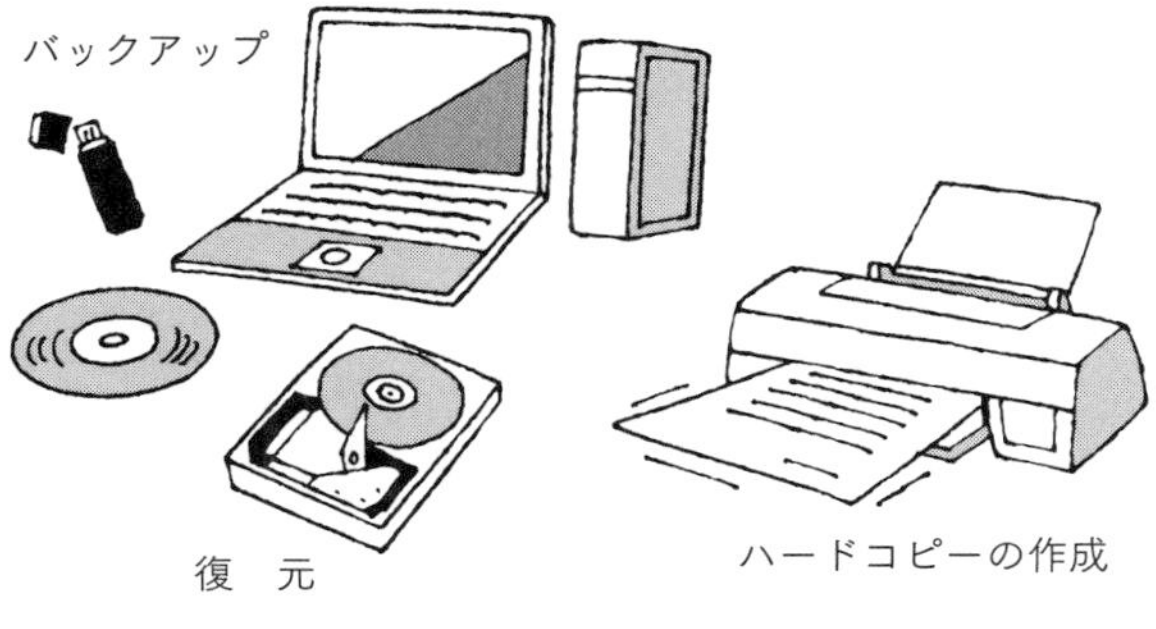

出ることがあります。その観点からも、バックアップを作成しておくと良いでしょう。

(3) 容疑性の判断および調査継続の判断

証拠が集まったら、証拠の価値を判断して、まずは**容疑性**を判断していきます。もし、証拠価値が乏しい場合、噂となった疑惑は単なる噂話にすぎないかもしれません。また、誰かが対象者（当該役職員）を落とし入れるために虚偽《きょぎ》の情報を流した可能性もあります。ただし、「**火のないところに煙は立たない**」ということわざどおり、根拠（火）がなければ噂（煙）は立ちません。噂（煙）が立つからには、なんらかの根拠（火）があるのです。したがって、容疑性の判断は事案の内容にもよりますが慎重に行なうべきです。

そして、**容疑が濃厚であれば、調査継続を決定します**。この調査継続は、事案の内容や悪質性なども考慮して総合的に判断すべきです。例えば、軽微な事案であれば、仮にそれが事実であっても影響は少ないので、調査を中止します。また、証拠もなく容疑性がない場合も、速やかに調査を中止します。

一方、将来的に会社が倒産するような重大な疑惑であれば、証拠がなくても長期間で、かつ深さを伴う調査を実施する必要があります。つまり、疑惑の悪質性と、事実であった場合の社会的あるいは社内的な影響度などによって調査継続の判断は変わります。

ここで、調査継続を判断するうえでの容疑性の判断について補足しておきます。容疑性については、収集された各証拠に「**証拠価値**」をつけてみると判断しやすくなります。すべてにつけなくても、主要な証拠だけでも構いません。例えば、「**証拠を見える化**」するために、A、B、Cの順に3段階で証拠価値をランクづけしてみます。

証拠価値とは、簡単に言えば「事実を証明するための信用性の高さ」です。複数の証拠があれば、A、B、Cの数に応じて管理します。そして、総合的に容疑性を判断します。

犯罪捜査では、容疑性について色で表現することがあります。一般的には、次のように表現します。

- **クロ　　　：容疑が濃厚**
- **グレー　　：容疑は濃いが、クロとは言い切れない**
- **薄いグレー：容疑がグレーとシロの間くらい**
- **シロ　　　：容疑なし**

ちなみに、証拠価値Aの数が多ければ、容疑性が濃い「**クロ**」になります。証拠価値Bが多ければ、容疑は濃いもののクロとは言い切れない「**グレー**」です。証拠価値Cだけであれば、容疑性が微妙な「**薄いグレー**」と言えるでしょう。確たる証拠がなければ、容疑なしの「**シロ**」ということになります。

証拠価値の数は事案によって差がありますし、Aはあっても Bがなかったり、BはあるもののAがなかったりする場合など、いろいろなパターンになることが通常です。したがって、容疑性を判断するときの明確な基準があるわけではありません。証拠価値の選び方も調査担当者の経験値によって変わり、個人の主観になってしまうのは仕方ありませんが、素人の皆さんが不正事案の容疑性を考えるときの指標として、次に紹介するランクづけの例を参考にしてもらえればと思います。

この例では、「経理課長が会社の資金に手をつけて業務上横領を行なっていた」という不正のケースを想定し、各証拠価値をA、B、Cの3段階でランクづけします。

証拠価値A＝事実を直接的に立証する「直接証拠」

【例】

- 数年前に退職した経理課の職員が「課長の横領を知っている」と、具体的に証言したヒアリング録取書《ろくしゅしょ》
- 経理課長が横領した金を銀行で引き出しているビデオ動画

・会社の預金口座から経理課長の預金口座への送金記録

証拠価値B＝事実を間接的に立証する「間接証拠」

【例】

・給料では到底購入できないような高級外車、不動産などを購入している記録
・借金を一括して返済しているが、その原資が不明であることを示す記録
・経理課長が高級クラブで豪遊しているのを目撃したという部下からの情報

証拠価値C＝根拠があいまいな「間接証拠」

【例】

・経理課の部下が課長の嫌がらせで何人も辞めている
・経理課長は羽振りがいいという噂話
・経理課長が銀座で豪遊しているという噂話

このように、直接証拠と間接証拠をわかりやすく分類して、その数を見ると容疑性の判断がしやすくなります。

直接証拠である証拠価値Aの数が多く、さらに間接証拠もあれば、容疑性は「クロ」に間違いないと認定できます。一方、間接証拠である証拠価値Bばかりの場合には、容疑性は「グレー」になります。

こうした見方で容疑性を判断し、調査を継続するかどうかの判断材料にするのです。

(4) 仮の処理方針の決定

調査継続の決定後、「仮の処理方針の決定」を行ないます。言うならば、**「落としどころ」を、ヒアリングの前に決めておく**ということです。ヒアリングした結果、事実が思いの外悪質であったり、他の悪事が出てきたりすると処理方針が変わる可能性もあるので、この段階では仮の落としどころを決めておきます。

なぜ、落としどころを事前に決めるかと言うと、その後に行なうヒアリングの仕方や追及の深さが変わってくるからです。また、落としどころを決めるということは、その後、当該役職員と他の職員との良好な人間関係を維持するためにも必要になってきます。つまり、社内調査後、その結果によっては、当該役職員とまた一緒に仕事をする可能性があるからです。

ここに、企業不祥事における社内調査の難しさがあります。つまり、企業不祥事の場合、犯罪捜査の取調べとは違って、当該役職員が退職しない限り、関係性が継続します。その関係性を壊さないために、また人権を侵害しないためにも、慎重にヒアリングをしなければいけない場合もあるのが実態です。

そして、**処理方針を決めるときに考慮すべきは、先ほど説明した「容疑性」**です。容疑性がクロであれば、ある程度は強気にヒアリングをすることもできます。一方、グレーや薄いグレーの場合は、どこまで追及するかが難しくなります。会社側に追及に使えるカードが少ないため、ヒアリングも弱腰になるのは仕方のないことです。したがって、容疑性を考慮して処理方針を決めて、どこまで追及するかという基準を設けておくと、ヒアリングがやりやすくなります。

それから、処理方針を決めるにあたり、当該役職員の役職や実績が影響する場合もあります。今の時代、どこの会社も人手が不足しています。特に、小さい会社であれば一人でも役職員が減ると大きく戦力がダウンするので、「多少の不正なら、目をつぶるから残ってもらいたい」と考えるケースも多いでしょう。また、優秀な営業マンで会社に莫大な利益をもたらしている場合には、経営者の立場からすると「不正の事実が本当であっても、『やっていない』と言ってほしい」と思うでしょう。ですから、処理方針は、会社側が抱える諸事情、証拠価値などに基づいて総合的に検討して決めることが重要です。

ところで、処理方針は、大きく分けると、次の3つです。

①**懲罰《ちょうばつ》を与える**：懲戒解雇、退職勧奨、異動、警察届出など、事案に応じた懲罰を与える

②**警告を与える**：釘を刺して今後のために戒める目的で行なう

③**事実確認のみ**：情報の真偽を確認するために単に確認作業のみを行なう

これらのうち、どれを処理方針とするのかによって、ヒアリングの仕方も次のように変わってきます。

まず、①の「**懲罰を与える**」というのは、この問題を放置すると会社が倒産するなど重大な危機に発展する可能性があり、早急に真相を解明すべき違法行為、または社会的、社内的影響の大きい問題事案に対する方針です。容疑性が「クロ」であれば追及しやすいのですが、「グレー」「薄いグレー」だとしても放置できないので徹底追及するケースが該当します。例えば、業務上横領、詐欺、背任などの違法行為、または役員や幹部職員の不倫、セクハラなどが発生した場合が挙げられます。

次に、②の「**警告を与える**」ケースとしては、社員の個人的な問題などで会社に与える

影響がそれほど大きくない事案や、①の懲罰を与えたいものの容疑性が「グレー」「薄いグレー」の場合、つまり証拠が少なくて追及ができない場合が該当し、当該役職員を戒めるために警告を与えます。例えば、一般職員の不倫など道徳上問題のある事案、または業務上横領の容疑があるものの容疑性が「グレー」「薄いグレー」の場合などが挙げられます。

最後の③の「**事実確認のみ**」を行なうケースとしては、情報としては認知したものの証拠がまったくなく、しかも情報の信憑性にも問題があるが、会社としては放置するわけにいかない場合が該当し、その場合には当該役職員に確認だけ行ないます。なお、このケースの容疑性は「薄いグレー」になります。

例えば、具体的な目撃情報など証拠がないのに、役職員の違法行為や不倫などが噂になった場合が挙げられます。

(5) 関係者のヒアリング

証拠収集だけで事実が明らかになるケースはほとんどありません。それは、不祥事の当事者である当該役職員が最も詳しいことを知っているからです。ですから、最終的には当該役職員にヒアリングをして事案の全容解明に近づいていきます。

⊙ヒアリングを行なうのは誰か？

誰がヒアリングを行なうのかと言えば、**当該事案に最も精通している者が聞くべき**であることは言うまでもありません。

ただし、これもケースバイケースです。例えば、一般的には直属の上司が担当する場合が多いと思いますが、そもそも直属の上司も不正に関与している可能性がないとは言えませんし、一般的に監督責任を問われるおそれがあるので、公正なヒアリングができない可能性もあります。また、自分の部下にヒアリングをすると、どうしても情が湧いて追及の手を緩める可能性があります。したがって、**誰がヒアリングを担当するかは、ケースに応じて柔軟に考えていくべきです。**

また、社内調査に弁護士が関与している場合には、弁護士が主体となってヒアリングを行なうこともあります。あるいは、顧問の社労士（社会保険労務士）に委託することもあるかもしれません。部外者のほうが聞きにくいことを聞ける場合もありますし、また相手も話しやすい場合もあります。

しかし、ヒアリングには、相手に言いたくないことを言わせるテクニックが必要です。したがって、社内の人間がヒアリングを担当する場合にしろ、部外者にヒアリングを委託する場合にしろ、コミュニケーションスキルがあり、人柄も申し分なく、事案にも精通していて「この人なら大丈夫だろう」と判断できる人物を選定すべきでしょう。

⊙ヒアリングの場所、環境、人数

ヒアリングを実施する場所やその環境は、ヒアリング対象者の心理に少なからず影響を与えます。ですから、対象者の心理を考慮して話しやすい場所や環境を選ぶ必要があります。

まず、場所については、社内で行なうのであれば、**会議室や役員室など人目に触れず、静かな場所**にします。また、関係者が社内にいるために話しにくい状況であれば、社外の関連施設や喫茶店などに呼び出して聞くことも検討します。どこであっても、**騒がしくなくて人気《ひとけ》もなく、声が漏れない個室がベスト**です。

犯罪捜査においては、あえて対象者の地元にある警察署ではなく、距離的にも離れた警察署に任意同行して事情聴取をする方法をとります。これは、地元の知人や友人に警察署にいるところを見られたくないという対象者の気持ちに対する配慮と、地元から離れたほうが対象者も心理的に落ち着くという考えがあるためです。

また、**ヒアリング時の室内の環境にも配慮**してください。例えば、時計や置物など注意をそらす物は置かないようにします。窓もブラインドを下ろして、外が見えないようにします。いずれも、話に集中させるための環境づくりと言えます。

さらに、ヒアリング時に対象者の全身を観察して非言語サインさえも見逃さないようにするため、**身体が隠れないようなテーブル（透明のテーブルなど）を使う**のが良いでしょう。逆に、テーブルなどで身体が隠れると、対象者には安心感が出て、うまくウソをつかれてしまうことがあります。

ヒアリング時の会社側の人数については、基本的に2人以上が好ましいでしょう。ちなみに、犯罪捜査の取調べでは警察側が2人で行なうケースがほとんどです。それは、人権侵害などのない適正な取調べであることを担保するためでもありますが、数的優位に立つためでもあります。

企業不祥事が起こったときのヒアリングの場合、状況によっては弁護士なども同席して3人以

◎ヒアリングに使用するテーブルと配置の例

身体が隠れないテーブル

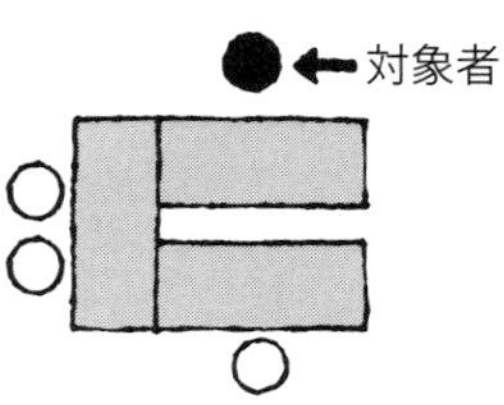

3人以上でヒアリングをする場合

上になるケースもあります。そのようにヒアリングをする側の人数が多いと、どうしても威圧的になります。その場合、少しでもヒアリング時の雰囲気を和らげるために、テーブルをコの字に配置し、対象者の正面には一人だけ座り、あとの二人は横に座るという方法が良いでしょう（右下の図参照）。

⦿ヒアリングのタイミング

不正を疑われている対象者が「○○日の△△時に、□□に来てくれ」と、ヒアリングを予告されたら、どうするでしょうか？

まず、何について聞かれるかを推測し、どう答えるかについて考える事前準備を始めるでしょう。また、関係者と口裏を合わせたり、証拠の隠滅などを行なったりすることは間違いありません。そうなると、ヒアリングによる事実解明へのハードルが高くなってしまいます。したがって、**ヒアリング対象者が予期していないときに呼び出す**のがベストです。

例えば、いつもの業務のための打ち合わせを装って呼び出したり、特に不自然に思われない理由で会議や面談などを装って遠方の施設に呼び出したりする方法をとります。

また、不正に関与している関係者が複数の場合は、どうしたら良いでしょうか？

犯罪捜査では、着手日時を決めたら一斉に任意同行を求めて取調べを行ないます。それは一人ずつ聴取すると、その後に必ず聴取内容や警察の狙いが別の関係者に漏れて、証拠隠滅や口裏合わせをされやすいためです。

ですから、企業不祥事の場合も、**関係者を同一日時に違う場所に呼び出してヒアリングを一斉に実施する**ことが望ましいでしょう。また、その際は、あらかじめ情報統括者を決めておき、各関係者（対象者）のヒアリング内容を逐一報告させて情報を管理し、その情報を各担当者全員と情報共有して、それぞれのヒアリングを進めていきます。

しかし、このように複数の関係者にヒアリングを一斉に実施する場合には、会社側もそれなりの人員を確保しなければいけなくなるので、優先順位を決めて必要最小限の対象者に絞るなどの工夫も必要です。

◉ヒアリングの手法

以下、ヒアリングの手法について、事前準備と留意事項に分けて詳しく解説します。

①事前準備

事案を十分理解する

そもそも、ヒアリング担当者が事案をしっかり把握していなければ、余計な時間を要してしまい、真相の解明が遅くなることは明らかです。したがって、疑惑の端緒から始まって、証拠に何があるのか、証拠価値はどうかなど、事案のすべてを事前にしっかり把握したうえでヒアリングにあたるべきです。

犯罪捜査の取調べでは、担当する刑事は、被害者調書、捜査経過のわかる報告書などの書類を何度も何度も読み返して徹底的に頭に入れたうえで取調べ当日を迎えます。特に、取調べで重要になりそうなポイントについては自分なりの資料を作成して、被疑者の弁解を崩せるように準備します。**「取調べは事前準備がすべて」**と言ってもいいと思います。

ヒアリング対象者を知る

相手（ヒアリングの対象者）を知らなければ、良いヒアリングはできません。可能な限り、対象者の出身地、住居地、家族構成、趣味、出身校、経歴など、わかることは事前に調べておきます。

対象者に「そんなことも知っているのか。結構、調べられているな」と思わせることができたら占めたものです。これは、コミュニケーションの基本かもしれませんが、相手のことをよく知っていれば会話は広がります。つまり、良好なコミュニケーションを取れなければ、対象者から言いたくないことを聞き出すことはできないのです。

また、対象者の過去の実績や会社への貢献度なども調べておくと良いでしょう。「営業成績は、いつもトップなんですね」「課長昇進は、同期でトップですよね」などと言われて嫌がる人はいません。「言いたくないことを言わせるためには、まず相手のことを認めてから」と前で述べましたが、対象者を認めて褒めるときに過去の実績や会社への貢献度といった情報は使えます。

質問事項を整理しておく

何をどう聞いていくのか、質問事項を整理しておかないと、うまく追及することができません。対象者も必死になって弁解してきますし、質問して返答されたら、次にどのように質問するかまで整理しておきましょう。

そこで、実際に解明したい事実の項目を洗い出し、それに対して、どう質問するか、相手の回答も推測し、その回答が来たら、さらに何を質問するか、という流れで考えておきます。ただ、準備したとおりに物事が進むケースは稀で、予想しなかったような反論や否認をされることがよくあります。本来の目的から外れないように、項目を数多く洗い出して確認しつつ、柔軟に質問をしていくようにすると良いでしょう。

② ヒアリングを実施するときの留意事項

ヒアリング前に緊張感を解く工夫をする

犯罪捜査の取調べでは、まず相手の緊張を解きほぐすために取調官が「自己紹介」をします。誰しもそうですが、どこの誰だかわからない人に話をする人はいません。そして、取調べの目的や予定時間などの**相手が不安に思っていそうなことを可能な限り、丁寧に説明します**。そうすることで、取調べに対する不安感や警戒心を取り除いていくのです。

企業不祥事におけるヒアリングを実施するときも、対象者はヒアリングを初めて経験する場合がほとんどなので、極度の緊張状態にあるでしょう。そして、自分の話したことがどう使われて、どんな影響を与えるのか、とても気にするはずです。ですから、ヒアリングでの発言は不必要に開示されるものではなく、調査の目的のみに使用されることなどを説明し、対象者に安心感を与えることが必要です。

また、ヒアリングはお互いの信頼関係から成り立ちます。信用できない人に大事な話をすることは憚《はばか》られます。ですから、何よりも信頼関係を構築することを念頭に、趣味や学生時代の部活動、出身地などお互いの共通点を探して、そこから話の糸口を掴み、打ち解け合えるような雰囲気をつくってコミュニケーションを取っていきます。

体験・推測・伝聞を分けて聞く

犯罪捜査において人から話を聞く場合の鉄則ですが、体験・推測・伝聞を分けて聞くようにします。本当は伝聞なのに体験したように話されたり、推測なのに体験したように話されたりすると、事実関係が大きくブレます。

ですから、ヒアリングを始めるときに、最初に「体験した事実、推測した事実、他人から聞いた事実は分けて話してください」と、明確に要望することが重要です。

一度のヒアリングでなるべく多く聞く

犯罪捜査の取調べでは任意出頭や任意同行を求めたら、その日に決着がつくように話を聞いていくのが大原則です。捜査機関の手の内を知ったうえで帰宅されてしまうと、証拠隠滅や共犯者への通謀《つうぼう》（示し合わせ）などの可能性が出てくるからです。特に、市長や経営者など組織のトップを呼び出した場合、何日も出頭を求めることは行政や会社業務の停滞につながり、影響も大きいので一日勝負になります。

企業不祥事のヒアリングでも、**対象者を一度呼び出して聞き始めたら、その日のうちにすべてを聞き出して以後の調査につなげるべきです**。疑問はすべて対象者に直接ぶつけて聞き、その日のうちに裏づけが取れるのであれば取ります。そして、矛盾点も解消していくようにします。そのためにも、事前準備として質問事項の整理が重要になってくるわけです。

自尊心を傷つけない

自らの行為に対して頭ごなしに非難されると、人は話したくなくなるものです。誰にでも、会社内での立場や過去の功績があります。人間は自分のことを高く評価する傾向があって、誰しも少なからずプライドを持っているのです。そうしたプライドを無視したり、けなしたりすると、その相手に「おまえには話さない」と思われてしまいます。感情的に嫌われたら、関係を修復するための時間が必要となり、調査も前進しません。

したがって、とにかくヒアリング対象者の**自尊心を傷つけず、良い意味でおだてて気持ち良くする必要があります。そうすると、対象者の心が開きやすくなるのです。**

ヒアリングに必須なのは「時系列」

犯罪捜査において必ず必要なのが「**時系列**」の捜査資料です。例えば、掴んでいる物的証拠、関係者の供述などの情報を表計算ソフトなどで時系列に整理して捜査資料を作成しておくのです。このように時系列で整理された資料がある場合とない場合とでは、ヒアリング対象者に対する追及のスピードも深さもまったく変わってきます。その時系列の資料がある場合、関係者の話の矛盾や事実解明のために足りないポイントが見えてくるので、ヒアリング対象者の虚偽の説明を見抜けるようになります。

また、対象者自身も出来事の前後関係の記憶があいまいだったり、記憶違いをしたりします。そうしたときに開示できる範囲で、時系列の資料を対象者に見せれば、自身の記憶違いであると納得させることもできます。

証拠は安易に示さない

証拠を対象者に示すか否かに関しては、第5章で説明したとおり、ヒアリングによる対象者の供述内容に基づいて、その都度検討すべきです。**基本的には、証拠はあえて示さずに「全部知っているよ」などと自信を持った雰囲気で大きく構えて、対象者に言わせるのがベストです。**安易に証拠を示すと、こちらの手の内を明かすことになり、ヒアリング対象者は言っていいことと悪いことの取捨選択をしやすくなってしまうのです。

どうしても証拠を示さないといけない場合は、191〜192ページで説明した**「証拠の後出しジャンケン」**をします。対象者の弁解の余地を事前に潰しておいて、「じゃあ、これは何？」と示す方法です。

例えば、従業員用の更衣室から現金が盗まれたとします。防犯カメラには更衣室の出入り状況が録画されており、犯行予想時間が午前11時だとします。疑惑を向けられたヒアリング対象者はおそらく、「その時間は更衣室に行ってはいません」などと否認するでしょう。その場合、証拠である録画ビデオを見せずに、何気なく「11時には行っていないんですよね」と確認します。その確認後に、証拠の録画ビデオを見せるというわけです。防犯カメラの存在を知らなかった対象者は動揺しますよね。そこで、一気に犯行事実を認めさせていくのです。

ヒアリング内容の証拠化

ヒアリングの内容は、できる限り、証拠化に努める必要があります。

証拠化の具体的な方法としては、ヒアリングをした内容を文書にまとめる「**ヒアリング録取書**」の作成が挙げられます。

犯罪捜査においては取調べで供述調書を作成しますが、取調べを担当した刑事が供述内容の骨子を簡潔に調書にまとめて署名をもらうという方法をとります。ヒアリングの場合も、ヒアリング対象者に対して録取書を読み上げ、内容に間違いないことを承認させて署名をもらうのがベストです。それはヒアリング実施者が勝手に作成した記録の場合、後でヒアリング対象者に「そんなことは言っていない」と供述を翻《ひるがえ》される場合もあるためです。

ここで、ヒアリング状況の録音については、実務的にはヒアリング対象者から承諾を得て録音したほうが無難です。対象者の同意を得ない秘密録音については、対象者の精神的肉体的自由を拘束する等の人格権侵害を伴う方法によって採集されたものであるときなどは証拠能力を否定される場合もあるからです。ただし、企業不祥事のケースでは証拠能力を認める判例も多いので、録音時の状況、録音による証拠の重要性などを踏まえつつ慎重に行なうことが肝要です。

また、ヒアリングで否認していた対象者が一転して事実を認める場合があります。本書のテーマでもある「落ちた」場合です。そのときは、本人に事案の内容についてA４一枚程度の上申書を書かせて署名をもらい、証拠を確保しておくと良いでしょう。ちなみに、犯罪捜査の取調べで、被疑者が否認から一転して認めた場合には、直ちに上申書を書かせます。

ここで、企業不祥事のヒアリングで対象者に上申書を提出させようとする場合、本人に書かせると支離滅裂な文書になることがあります。したがって、ある程度、骨子をまとめて教えながら書かせたり、あるいは代書して署名だけもらったりする方法も検討すべきでしょう。いずれにしても、対象者は後でまた否認に転じることもあり得るので、上申書は事実を認めたら速やかに作成することが重要です。

事実を認めた場合の注意点

不正が1回だけで終わるということは考えにくいものです。不正に味を占めると、何回も同じような不正を積み重ね、被害額も大きくなっていくのです。そして、ヒアリングをする側からすると、1つの事実を対象者が認めると、ほっとして追及が緩んだりすることがあります。

ですから、**対象者が1つの事実を認めても、「そんなことはわかっているよ。他にもあるでしょう?」と、知ったかぶりをして追及を緩めないことが重要です。**ヒアリングされる対象者の側からすると、最初に認める不正というのは罪が軽いもので、逆に追及を続けられて最後に認めた不正が一番言いたくなかった罪が一番重いものだと言えます。

したがって、ヒアリング対象者が最初に認めたことはそこでは掘り下げずに、概要だけ固めて、追及を緩めずに聞き続け、最後に聞き出したことから順番に詳細を詰めていきます。そうすると、事実をすべて話させることができるのです。

(6) 最終処理

ヒアリング終了後、調査結果をまとめて、書面として残します。当該役職員から訴訟を起こされた場合を考慮して一件ごと書類にまとめておきます。

そして、調査結果を踏まえて、当初定めた仮の処理方針で良いと判断したら、そのように処分するなり、警告に留めるなりします。しかし、事案が思ったよりも悪質であったり、別件の事案が出てきたりした場合には、会社の幹部と関係者で協議をして最終的な処理方針を決めることになります。いずれにしても、これで不祥事の社内調査が終結することになります。

会社で不正行為が発生する条件

会社内で発生する不正行為は、「**動機**」「**機会**」「**理由づけ**」の3つの要素が揃ったときに発生すると言われています。つまり、社員に「借金があって返済の金が必要だ」という「動機」があり、勤務環境の中で横領できる「機会」があり、立場上や書類上でうまく偽装できる「理由づけ」ができると、不正は発生するのです。ただし、動機と理由づけについては、会社が抑え込むことはできないでしょう。したがって、**会社としては機会を与えてはならない**ということです。会社の管理が杜撰だと、社員に不正行為の機会を与えてしまいます。その結果、社員を犯罪者にしてしまうのです。家族同然の社員を犯罪者にして喜ぶ経営者はいません。不正行為は、会社も社員も誰も幸せにしないのです。ですから、経営者は不正をする機会をなくすための「環境づくり」に徹しなければなりません。

ただ、それでも一定の割合で不正を犯す社員は出てきてしまいます。その場合、噂の段階で早めに芽を摘むことが必要です。不正行為は時間の経過とともに手口も大胆になり、被害金額も大きくなり、発覚が遅れると、甚大な被害に発展する可能性があります。社内や取引先で不正の噂話を耳にしたら、早め早めに対処するようにしてください。

課長と部下の社内不倫　～事例で学ぶヒアリング術

ここでは、具体的なヒアリング術を理解していただくために、ある会社の中で起こった幹部職員の社内不倫の疑惑（事例）をひも解いていきます。調査の進め方についても具体的に説明しますので参考にしてください。

事例

昨夜、会社内の飲み会があり、その席上、ある社員から「営業課長K（45歳）は総務課の女性社員N（29歳）と不倫関係にあるのではないか」という情報を入手した。その根拠について尋ねると、次の回答があった。

① 営業課長Kと女性社員Nが新宿の繁華街で腕を組んでいるのを見た社員がいる

② 朝の通勤で営業課長Kが、女性社員Nが住んでいる高田馬場駅方面からの電車に乗っているのを見た社員がいる。ちなみに、会社の最寄り駅は東京駅、課長Kの住まいは千葉市内にあるので、不自然な方向から通勤していることになる

よって、営業課では二人の関係がもっぱらの噂になっていた。営業課長は幹部職員でもあり、他の職員の手前、示しがつかないので事実関係を確認したい。

営業課長Kを追及して落とすスキームとしては、次のとおりです。

(1) 疑惑の発覚
(2) 証拠の収集・保全
(3) 容疑性の判断および調査継続の判断
(4) 仮の処理方針の決定
(5) 関係者のヒアリング
(6) 最終処理

(1)の疑惑の発覚は、事例で記載されたとおりです。(2)の証拠の収集・保全の説明に移りますが、この事例における証拠は、次の2つです。

① 営業課長Kと女性社員Nが新宿の繁華街で腕を組んでいるのを見た社員がいる
② 朝の通勤で営業課長Kが、女性社員Nが住んでいる高田馬場駅方面からの電車に乗っているのを見た社員がいる。ちなみに、会社の最寄り駅は東京駅、課長Kの住まいは千葉市内にあるので、不自然な方向から通勤していることになる

①の証拠については、目撃したのは営業課の女性社員Hであることが判明しました。調

査にあたる人事担当者に、たまたまHの同期生がいたため、その人事担当者がHをランチに誘って、それとなくHから話を聞くことにしました。その結果、「目撃したのは午後10時くらいの歌舞伎町だった。二人とも赤い顔をしていたので、お酒を飲んだ後のようだった。仲良く腕を組み、ラブホテルがある方向に歩いていくのを見た。顔、格好は間違いなく営業課長Kと女性社員Nであり、私も驚いて顔を伏せてしまったくらいです」という話を聞き出すことができた。

また、②の証拠については、目撃社員が判然とせず、確認には至りませんでした。

次に、(3)の容疑性の判断および調査継続の判断を行ないます。

まず、証拠を吟味して「証拠価値」を考えます。209ページで説明しましたが、証拠価値とは簡単に言えば、事実を証明するための信用性の高さのことです。ここでは、A、B、Cで3つのランクを付与します。そのうえで容疑性を判断します。

容疑性については前述したとおり、次のように色で表現します。

- **クロ　　　：容疑が濃厚**
- **グレー　　：容疑は濃いが、クロとは言い切れない**
- **薄いグレー：容疑がグレーとシロの間くらい**

・シロ　：容疑なし

この社内不倫の事例で、どのような証拠を、どのようにランクづけすれば良いかと言えば、次のとおりです。

証拠価値A＝事実を直接的に立証する「直接証拠」

【例】

・二人の不倫関係を裏づける会話や行動についての録音、ビデオ録画
・「ラブホテルに入るのを目撃した」「飲食店でキスしていた」などの目撃者の証言のヒアリング録取書や録音
・LINE、手紙などの不倫関係を裏づける証拠物

証拠価値B＝事実を間接的に立証する「間接証拠」

【例】

・「街中で手をつないでいた」「腕を組んでいた」など二人の親密さがわかる目撃情報
・本人の自宅から遠く離れた彼女の自宅近くを歩いているのを見たなどと関係性を強調する目撃情報

・遠隔地の繁華街、テーマパーク等での二人のみの目撃情報で、目撃者が確認できず、根拠があいまいな場合（目撃者が確認できれば、価値Aに格上げする場合もある）

証拠価値C ＝根拠があいまいな「間接証拠」

［例］

・周囲から聞こえてきた「あの二人は怪しい」という程度の噂話
・会社内でいちゃついていたなどの関係性の判断が微妙な目撃情報
・「誰かが親密な関係を見たようだ」という具体的な状況が乏しい目撃情報

そこで、この事例の証拠は、繰り返しになりますが、次の2つでした。

①営業課長Kと女性社員Nが新宿の繁華街で腕を組んでいるのを見た社員がいる
②朝の通勤で営業課長Kが、女性社員Nが住んでいる高田馬場駅方面からの電車に乗っているのを見た社員がいる。ちなみに、会社の最寄り駅は東京駅、課長Kの住まいは千葉市内にあるので、不自然な方向から通勤していることになる

①の証拠価値はBですが、目撃した営業課の女性社員Hから実際に話を聞き出すことが

でき、具体性も信憑性も高いので、Aに近いBでしょうか。また、②の証拠価値はBということになります。

これらの証拠、特に①は、二人の関係を証明するには価値の高い証拠になるので、容疑性は「クロに近いグレー」ということになります。なお、この判断は一般的で常識的な考え方に基づいていますが、人によっては「これは真っクロだよ」とか、「まだグレーだな」と考える人もいると思います。あくまで容疑性の判断基準の一例だと考えてください。

今回は、容疑性が「クロに近いグレー」と考え、「調査継続の必要性あり」と判断しました。また、(4)の仮の処理方針の決定では、次の方針から選択します。

① 懲罰を与える
② 警告を与える
③ 事実確認のみ

これらのうち、この事例では、①の「**懲罰を与える**」に決定し、「事実であれば、二人を他支店に異動させて収拾《しゅうしゅう》を図る」ということにしました。

そして、いよいよ(5)の関係者（対象者）のヒアリングを実施することになります。対象者の二人から順番にヒアリングをしますが、先に営業課長Kから行なう予定です。ヒアリング担当者がヒアリングを実施する前に整理しておくことは、容疑性と証拠、そして仮の処理方針です。

まず、二人の容疑性は「クロに近いグレー」です。そして、現在収集している証拠は2つです。1つ目の証拠は「二人が腕を組んでいる目撃情報」であり、目撃者の女性社員Hからの話で事実であることがわかっています。

2つ目の証拠は「営業課長Kの不自然な方向から通勤しているという目撃情報」ですが、その情報の根拠は判然としませんでした。しかし、目撃者がいなければ、このようなことが噂になることも考えられません。おそらく、目撃した社員がいるからこそ、噂になっていると肯定的に解釈することにしました。ただし、証拠としてヒアリング対象者に示すことができるのは、根拠が明らかな「二人が腕を組んでいる目撃情報」ということになります。

また、この事例では、仮の処理方針としては、容疑性を考慮して「二人を異動させる」という決定をしました。

これらを頭に入れて、ヒアリングに臨みます。ちなみに、容疑性、収集した証拠、仮の処理方針次第で、ヒアリングの仕方は次のように変わります。

容疑性が薄かったり、証拠が乏しかったりすれば、手持ちのカードが少ないので追及が浅くなり、ヒアリングも少し控えめになるでしょう。また、仮の処理方針が「**懲罰を与える**」場合と「**事実確認のみ**」の場合とでは求める結果が異なるので、追及の深さも、ヒアリングの仕方も変わります。要するに、当該対象者と会社との今後の関係性にも影響してくるので、バランスを考えながらヒアリングを行なうことになります。

それでは、続いて刑事が現場で使っている「ウソの見抜き方」を活用して、ヒアリングを実施する方法について説明していきます。

ウソを見抜く手順は、次の4ステップです。

(1) 質問（発現質問）をする
(2) 反応が現れる
(3) 見て聞く
(4) 複数のウソのサインが現れたら事実を解明するための質問（解明質問）をする

ここで、ウソを見抜くための質問には、次の「**発現質問**」と「**解明質問**」があります。

①**発現質問**：何について知りたいかを知らせて刺激を与えて反応を見る質問。ウソのサインを発現させるために使うので、相手を刺激する質問が好ましい

②**解明質問**：証拠を匂わして自供に追い込む質問。基本的には「〜を見られた可能性がある？」などの「**可能性質問**」が一般的である。解明質問の前に証拠を強化する「前ふり」を入れるのが好ましい

なお、証拠を持っていることを匂わす可能性質問は、ほぼ疑っている状況に等しいので使い方には注意が必要です。本当にウソを見抜く必要があり、勝負をかけるときに限って使うのが良いでしょう。

◉容疑性に応じた質問方法

ヒアリングでは、事前に容疑性を考慮して、どのような質問を、どのようにするのか方向性を決めておきます。

もちろん、ヒアリングを実施した結果、方向性が変わることがあるのは仕方がありません。しかし、ある程度、方向性を決めてヒアリングに臨まないと良い結果は出ませんので、必ず容疑性を考慮した質問の仕方をイメージしておきましょう。

① 容疑性が「クロ」の場合

直接証拠が複数あり、しかも間接証拠も複数あり、10人中9人程度が「そのとおりの事実はあったのだろう」と推定する場合を言います。その場合、ヒアリングでは断定的に質問をしていく方法が良いと思います。なぜなら、十分な証拠があるので、相手も否認しきれない可能性が高いと判断されるからです。

発現質問の例

- 「Nと旅行に行ったよね？　大阪の○○だよ」
- 「Nのアパートに泊まったよね？　高田馬場だったよね？」
- 「Nと新宿の歌舞伎町のラブホテルに行ったよね？」

発現質問をするときのポイント

- 「旅行に行った」「アパートに泊まった」「ラブホテルに行った」という不倫を裏づける直接証拠があれば、それを強気で認めさせていきます。先ほど挙げた質問の例のように、いきなり本題に入って良いと思います。
- もし、複数の直接証拠があれば、その中で対象者が「**最も嫌がる深い部分を刺す**」ようにします。深い部分というのは、対象者からすると「絶対にバレない」と細心の注意を払っている隠し事や悪事を言います。例えば、県外への旅行は「遠方だし、人目につかないし、まずバレないだろう」と思っているケースが多いわけです。あえて、そこを追及するのです。

すると、対象者は「なぜ、そんなことまで知っているんだろう?」と疑心暗鬼になります。つまり、対象者は「これを知っているということは、すべて知られているかもしれない」という心理になり、他の悪事も含めて全面自供に追い込みやすくなるのです。

筆者は刑事時代、贈収賄事件で被疑者を任意同行するケースがよくありました。そこに至るまでに徹底した内偵捜査をしますので、被疑者に愛人がいることが判明したりします。

そういったケースでは、被疑者が愛人宅にいるときにあえて任意同行を求めるのです。そうすると、被疑者は「なぜ、ここがわかったのだろう?」と動揺します。これが、「最も嫌がる深い部分を刺す」ということです。

- 直接証拠があるにもかかわらず、緩い質問を続けていくと、時間の経過とともに対象者の頭の中で、言っていいことと悪いことが整理されてしまいます。よって、一気に攻めて落としたほうが良いのです。
また、緩い質問を続けると、相手に証拠の存在を予測され、追及が困難になってしまうケースもあるので、注意してください。

解明質問

235ページに例示したような直接証拠（証拠価値A）の場合には、直球で聞けば良いので可能性質問を使わなくてもいいでしょう。しかし、対象者が否認している場合には、次の容疑性が「グレー」の場合を参考にして可能性質問をしても良いでしょう。

②容疑性が「グレー」の場合

間接証拠が多少あり、10人中6～7人程度が「事実があったのだろう」と推定する場合を言います。直接証拠がない、または少ないからこそ、解明質問をしていくときには、証拠を強めるために可能性質問を使います。つまり、「証拠はたくさん持っているよ。だから、話しましょう」という聞き方になります。

この事例の容疑性は「クロに近いグレー」ですので、まさにこの質問方法になります。

発現質問の例

・「総務課のNは知っているよね？」→「はい」

・「彼女と一緒にお酒を飲んだことはあるの？」→「あ、ありますね」

・「今、どんな関係なの？」→「え、どんな関係って……普通の関係ですが……」

発現質問をするときのポイント

・ノーと言わせたくないので、相手が自由に回答できるオープン質問か、イエスと言わせる質問をします。何について疑っているかを知らせて動揺を誘うのです。

可能性質問（解明質問）の例

【前ふり】

・「ところで、わが社の社員は全部で何人いるのか、君も知っているよね。うちは新宿にも支店があるわけだし、アフターファイブは多くの社員が新宿で飲んだりする。みんな、あの辺りをうろうろしているわけだ。実は、自分が気づいていないだけで、会社のいろいろな人に見られている可能性があるんだよね」

【可能性質問】

・「ところで、二人が腕を組んで歩いているのを誰かに見られた可能性はある？」

可能性質問をするときのポイント

・質問した直後に注意して「しぐさに現れるウソのサイン」を、次のようにチェックします。

反応がない、あるいは反応が遅い　↓　クロに近い

・また、「話し方に現れるウソのサイン」を、次のようにチェックします。

否定できない、質問に答えられない　↓　クロに近い

「え、そんなことあるわけないですよ」と明確に否定する　↓　シロかもしれない（詳しく話を聞く必要がある）

対象者が否認した場合

・「……そんな可能性はないと思いますが……」と否認した場合は、次のように新たな質問をします。

「あのね、私が何も知らなくて、こんなことをわざわざ聞くと思う？　よく考えたらわかるよね。本当のところ、どうなの？」　↓　証拠を強化して再度聞く

・そして、「付き合っているよね？」↓直球でズバリ聞く

可能性質問をした後、相手のしぐさに注目して、反応がない、あるいは反応が遅い場合には、クロである可能性が極めて高いと思います。

一方、「え？　誰からの情報ですか？　それはないですね」というように明確に否定する場合には、シロ（二人の関係が薄い）の可能性が高くなります。したがって、再度調査をするか、追及をあきらめることを検討すべきです。

③容疑性が「薄いグレー」の場合

発現質問の例

・「総務課のNは知っているよね？」↓「はい」
・「彼女と一緒にお酒を飲んだことはあるの？」↓「あ、はい、ありますね」
・「仲がいいの？」↓「まぁ、普通に親しいほうですかね」
・「二人にヘンな噂があるんだけど知ってる？」↓「え、どんな噂ですか？」
・「付き合っているんじゃないかって噂だよ」
↓「あ、そうなんですか。ちょっと意味がわからないですね……」

発現質問をするときのポイント

- 証拠が不十分なので、雑談から入り、本題で何を聞きたいか、何を疑われているのかを対象者に気づかせる
- 対象者の反応を見ながら、進むべき方向性を決める。対象者の動揺が顕著であり、怪しいと感じたら可能性質問に進む
- 対象者にまったく動揺がなく、明確に否定している場合はヘンな噂が立たないように気をつけるよう指導する（なお、このケースでは、証拠が乏しく追及するためのカードがないので、現実的には「釘を刺す」くらいのことしかできないでしょう）

解明質問をするときのポイント

相手が動揺した場合や、ウソのサインが出た場合には、可能性質問をするのも良いでしょう。しかし、可能性質問は、そもそも証拠がないのに疑うことになるので、その質問をするかどうかは慎重に検討する必要があります。

刑事の雑談⑥

Q1 警察に弁護士と一緒に告訴状を持って行っても、なかなか受理してくれないという話を聞いたことがあります。実際は、どうなのでしょうか？

A1 警察が事件として受理する場合、「被害届」と「告訴状」があります。

被害届は、本人に必要事項を書いてもらったり、警察官が代書したりする場合もありますが、告訴状の場合、弁護士に事案を相談しつつ、告訴状を作成してもらうケースが多いと思います。そのため、警察署にも弁護士同行のうえで来署することになります。

また、告訴状は、被害届と法的性質が異なり、捜査を遂げた結果、必ず検察庁に送付しなければならない、という法律上の縛りがあります。つまり、告訴状を受理して捜査を開始した以上、警察の判断でうやむやに処理ができないのです。そういった理由から警察としては、慎重に受理せざるを得ないという事情があります。したがって、たとえ弁護士が同行しても警察は直ちに受理するわけではなく、追加資料を要求したり、証拠固めの指導をしたり、諸所の手続きを踏むために受理が遅くなってしまうのです。告訴だからと言って受理を渋っているわけではないので、その点は誤解しないようにしてください。

Q2 **知人の社長によると、その会社で経理社員の横領行為があり、警察に告訴した結果、結局、逮捕されたのが告訴状の受理から約1年後だったという話を聞きました。なぜ、逮捕までそんなに時間がかかったのでしょうか？　告訴したら、すぐに逮捕できないものなのでしょうか？**

A2 横領行為というのは数か月から数年にわたって行なわれていることが多く、被害の発生している期間が長期間であるという特徴があります。そのため、被害金額の特定に時間がかかります。

また、被疑者が発覚を防ぐために資金を移動したり、証拠を改ざんしたり、隠滅したりすることもあり、その立証に時間がかかるのです。警察としては基本的に逮捕後、最長20日間の勾留期間の中で起訴しなければいけません。立証する時間的制約があるため、逮捕前に証拠固めをしっかりしておく必要があるというわけです。そのため、告訴を受理してから数か月、あるいは1年以上経て逮捕というケースはよくある話だと思います。告訴した会社からすると、あまりの遅さにイライラするかもしれませんが、こうした警察サイドの事情を察していただきたいところです。

イライラする

第7章

日常生活やビジネスの現場で怪しい相手を落とすケース

前の第6章までは、悪事、過ち、失敗など、他人には言いたくないこと、あるいは隠し続けたいことがある相手から、その真実を聞き出す方法について解説してきました。この章では、日常生活やビジネスでありがちな事例を用いて、どうやって相手から真実を聞き出すのか、つまり実践的な「落とし方」を考えていきたいと思います。

この章は、例題形式で構成しているので、あなたが各事案の当事者の立場になって「どうやって、相手に言いたくない真実を言わせるか？」という落とし方を考えながら読み進めてください。落とし方には共通点がありますので、いくつかの例題をひも解いていくと、やり方のコツがわかってくると思います。

なお、この章では、第6章で紹介したように証拠を使って事実解明をしていくのではなく、ヒアリング力、つまり心理的なアプローチを使って相手が真実を話すように仕向けて事実解明をしていく方法を中心に解説していきます（各例題の解答として、ヒアリング例と解説は、各例題の後に掲載しています）。

【例　題】

(1) 万引きをした中学生

あなたは、駅前にある本屋の店長です。

ある日の夕方、男子中学生（私立の進学校で、地元では有名な中学校の生徒）がジャージ（一見して野球部）を着て来店しました。

入店したときから様子がおかしかったので注視していると、店内の漫画コーナーで立ち読みをしたり、奥に移動したりするなど、不審な行動をしています。奥の事務室に移動し、監視カメラのモニターで動きを追っていると、漫画コーナーのレジから見えない死角に行くと手に取った漫画一冊をスポーツバッグに入れて万引きするのを目撃しました。

そのまま、店外に出ようとしたので「君、ちょっといいかな」と声をかけて、奥の事務室に生徒を連れてきました。あなたなら、どうやって真実を聞き出しますか？

［証拠と証拠価値］

・万引きの状況を録画したビデオ　↓　証拠価値A
・カバンの中から押収した万引きの被害品である漫画本　↓　証拠価値A

【容疑性】　クロ

【仮の処理方針】

店の方針としては、事実を素直に認めたら保護者を呼んで厳重に注意したうえで、引き渡す。認めない場合は、警察に通報して処理してもらう。

【ヒアリング例と解説】

① ヒアリング例

・「本をカバンの中に入れてしまったのは間違いないかな？」　↓（生徒は沈黙）

・「そう言えば、君の制服は○○中学校だね。その持っているバッグを見ると、野球部に入っているのかな。○○中学校は野球が強いって聞いたことがあるよ。この暑い中、毎日の練習も頑張っているんだろうね。実は、私も昔は野球をやっていたからね、夏の練習が大変なのはよく知っているよ。おじさんの時代は、練習中に水も飲めなくて結構大変だったよ。君の学校は野球も有名だけど、進学校としても有名だから、君もきっと勉強ができるんだろうね。高校は、どこに行くんだい？　ところで、今日は何かあったのかな？　いつもは勉強も部活動も一生懸命しているんだろうけど、学校で嫌なことでもあったのかな？

おじさんも中学時代なんて、嫌なことばっかりだったよ。先生には怒られてばかりだったし、勉強もあんまりできなかったから、親にもよく怒られたよ。何か嫌なことがあってむしゃくしゃすると、人間なんて普段しないこともしてしまうことがあるよね。ストレスが溜まると、発散したくなるし……。人間なんて、そんなもんだよ。時に魔が差して、やってはいけないことをすることもある。

この本屋は30年やっているんだよ。おじさんも長いことやっているから、君みたいな中学生はたくさんいたよ。中学生と言えば、多感な時期だ。嫌なことが重なったりすると、時にやっていいことと、いけないことの区別もできなくて、こんなことをしてしまうこともある。

あと、店のつくりが古いんだよ。死角も多いから、お客さんはなんとなく本を持って帰りたくなっちゃうのかな。うちの店の問題もあるかもしれないね。店のつくりも直さないといけない。

今、君はきっと、どうしようかって悩んでいるだろうね。普段は真面目に学校に行っているのに、こんなことになってしまったからね。おじさんは君の気持ちがよくわかるよ。何年もやっていると、こんなことはよくあるし。おじさんが一緒に問題を解決してあげるから、何をしたのかだけ話してくれないかな」

② 解説

万引きをした生徒から店長として、どのように話を聞き出すかという例題です。生徒は現行犯で確保されていますし、盗まれた被害品も所持しています。また、犯行状況を防犯カメラで撮影しているため、証拠は明らかで容疑性もクロです。生徒も否認はできないでしょう。そうなると、生徒は学校や保護者に自分がした悪事を知られたくないと思っているはずです。

まず、店の方針としては、犯行事実を認めさせ、素直に謝ってもらい、保護者に引き渡すという基本方針を立てています。そのため、まずは犯行事実を認めさせたいと思います。ここで、生徒が一番嫌がることをイメージさせると話をしたくなくなるので、注意が必要です。

学校に連絡されたら、先生に怒られるうえに停学処分になるかもしれません。また、親に連絡されたから怒られるという未来が待っているのは、生徒もわかっています。ですから、暗い未来には一切触れず、イメージさせることなく、話しかけていきます。間違っても、「こんなことをしたら、停学でしょ」「素直に認めないなら、警察を呼ぶしかないよ」というようなフレーズを言ってはいけません。

そこで、本人を見て褒めることができるところを探します。進学校で野球部員であれば、それなりに褒めることはできます。褒めながら、責任を逃がす発言をしていきます。生徒の心に寄り添っていくうちに、「この店長は、僕のことをわかってくれるかも……」と思い始めるでしょう。諭すときには、店長自身の中学時代の話をするなど、自己開示を行なうのも良いでしょう。自己開示をされると、ヒアリングをされる側の生徒も心を開きやすくなります。このように、相手に歩み寄っていきながら事実を認めさせるのが理想です。

(2) 友達の物を奪った子供

【例　題】

あなたは、10歳の息子aを持つお母さんです。

ある日、息子aの友達Dのお母さんから「うちのDが学校でaちゃんに下敷きを盗られたと言っているんですが、確認してもらえませんか？」というメールが届きました。

そのお母さんに電話をして詳細を聞くと、次のことがわかりました。

- 昨日学校で、みんなで遊んでいたときにアニメの下敷きの話になり、Dがランドセルに入っていた下敷きをaに見せた。すると、aが「いいなぁ、これ。俺も欲しい」と言い出した。Dは「返して」と言ったが、aは「ちょっと貸して」と言って結局、返さずに「これ、ちょうだい」と言って、持って帰ってしまった

・実は、以前からこんなことがたびたびあり、息子のDの文房具がaに盗られている。Dとそのお母さんはなんとかしてほしいと思っている

電話をしたときに、息子aはまだ学校から帰ってきてなかったので、帰宅したらこの件について話を聞こうと思います。あなたなら、どうやって話をしますか?

【証拠と証拠価値】

Dの母親からの情報だけで証拠らしいものはない　↓　証拠価値BまたはC

【容疑性】　グレー、または薄いグレー

【仮の処理方針】

とにかく真実を明らかにして、息子aが盗った下敷きや文房具があるならばDに返却したい。そして、息子には間違ったことをしたなら素直に謝る子供になってほしい。

【ヒアリング例と解説】

① ヒアリング例

●「aちゃん、ちょっと聞きたいことがあるんだけどね。Dちゃんの下敷きのことで、なんか心当たりある?」↓(反応に注目する)

●「さっき、Dちゃんのお母さんから電話があって……(内容を説明する)こんな話だったんだけど、何か間違っているところはある?」

↓(息子aが質問に答えず、黙っている様子と、母親としての勘でDのお母さんの話は事実である可能性が高いと判断した)

●「aちゃんね、あなたが普段から弟思いで優しい子だっていうのは、お母さんもよくわかっているよ。宿題だって、何も言わなくてもちゃんとやっていくし、お父さんも『たいしたもんだ』って、こないだ褒めていたわ。それからサッカーでもチームの中心で頑張っているから、他のお母さんたちも褒めていたのよ。お母さんも嬉しかったわ。

ところで、Dちゃんとは仲が悪いの? あなたはいつも友達を大事にするから、きっと二人の間に何かあったんじゃないかとお母さんは思うのよね。下敷きは、あなたも、このまえ買ったのがあったわよね。自分の下敷きがあるのに、人の物を欲しがるなんて、何かあったからとしか思えないな。人間は何かイラっとすることがあったりすると、普段しないことをすることがあるよね。

お母さんも、あなたくらいの歳のときはそうだったわ。いつも友達と喧嘩していたし。

Dちゃんの下敷きは、どうしたのかな？　その下敷きは、どうしたらいいと思う？　お母さんは、あなたがどうすべきかをわかっていると思うわ。だから、安心して話していいのよ」

②解説

まずは、Dのお母さんの申し立てが、どこまで正しいのかを確認する必要があります。こういったケースで相手の言うことを鵜呑みにして自分の子供に強く当たった結果、実は相手の子供がウソをついていたというケースもあるからです。親からすると、つい感情的になって子供を攻めがちですが、まずは冷静に確認することが大事です。

最初は息子ａに対して、「何について聞きたいのか？」「なぜ、そんなことを聞くのか？」を教えてあげないと、ａも話しにくいと思います。ですから、その情報を知った経緯について説明します。そのうえで、自分のお母さんが「下敷きの件について知りたい」ということを理解したときに、ａがどんな反応をするのかを見ます。「え？」と不思議そうな顔をするのか、「これはマズイな」という顔をするのか、特に顔の表情に注目します。

そして、相手のお母さんの言い分について、どう思うのかを質問します。もし、それが間違いであれば正しいことを言うでしょうし、相手の言い分が正しければ黙ってしまうかもしれません。このときの表情や動作もしっかり観察します。そのうえで、相手の言い分が正しいと判断できた場合の聞き方はヒアリング例で記述したとおりです。

まず、息子ａの普段の生活態度などについて良いところを認めてあげます。自分だけではなく、お父さんやサッカーチームのお母さんたちが褒めていた話もします。ここで、ａの自尊心を傷つけないように注意します。

その後、やんわりと本題に入り、ａの行為に対する責任を逃がしてやります。精神的な負担が軽くなると、ａも話しやすくなることでしょう。

(3) 浮気をした夫

【例　題】

あなたの夫は、会社の同僚の女性と浮気をしています。

夫は普段からスマホの画面を見て微笑んでいたり、帰宅が遅いことがあったりするので、あなたは浮気をなんとなく疑っていました。

ある晩、出張から帰った夫は帰宅するなり、風呂に入りました。しばらくすると、リビングに置いてあった夫のスマホのメール着信音が鳴りました。ふと画面を見ると「昨日は楽しかったね。また旅行に行こうね♡」と「みゆき」と名乗る人物からのメッセージが表示されました。そこで、夫に黙ってカバンの中の財布を確認したところ、一枚の領収書を発見しました。その領収書は、次のようなものでした。

- **昨日の日付、22時35分発行**
- **大阪市内のコンビニ発行**
- **金額：２２４０円**
- **購入品：ビール２本、ワイン１本、つまみ類、コンタクトレンズの旅行用セット（夫はコンタクトを使わない）**

ちなみに昨日の朝、夫は「出張で名古屋に泊まるから」と、あなたに名古屋出張であることを強調するように伝えて家を出ていきました。

さて、あなたは、お風呂から出てきた夫に真実を確認したいと思っています。どのように聞きますか？

【証拠と証拠価値】

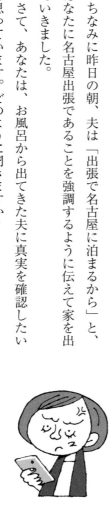

・スマホのメール画面に表示されたメッセージの写真　↓　証拠価値A
・大阪市内のコンビニ発行の領収書一枚　↓　証拠価値B

【容疑性】　クロ

【仮の処理方針】

今回の出張が浮気旅行であることがはっきりしたら、夫に離婚を迫りたい。

【ヒアリング例と解説】

① ヒアリング例

・「出張、疲れたでしょう？　お疲れ様」
・「昨日は名古屋だっけ？　美味しいもの食べた？」
↓　（あー一応、ひつまぶしは食べたよ）
・「美味しかった？　ところで、名古屋の駅前に新しいホテルできたんだってね。テレビでやっていたけど……昨日は、どこに泊まったの？」
↓　（いつも泊まっているホテルだよ。なんで？）
・「いや、どこに泊まったのかなーって思っただけ」
・「しかし、あなたは真面目でよく働くわね。出世もして家族のために一生懸命働いてくれて、ありがたいわ。うちのお父さんとお母さんも、あなたのことを褒めているのよ。

でも、ストレスも溜まると思うんだ。私にも至らないところがあると思うし。そんなときは、パーっと遊びたくなることもあるでしょうね。私はいいと思うわ。男の人が遊ばないのはおかしいし。うちのお父さんも若いときは、結構遊んでいたみたいだから、私には免疫があるのよ。そもそも、仕事のできる男はモテないとダメよ。

仕事のできる男は、しっかり遊ぶと仕事にも力が出るってよく言うしね。だから、そんなことはあまり問題にしたくないのよね。で、大阪には誰と行ったの？」

②解説

家庭内でありがちな浮気に関する事例です。あなた（奥さん）の方針としては、夫が浮気の事実を認めたら離婚を迫るということですので、どんな手段を使っても事実を認めさせたいところです。

証拠を精査すると、まずスマホに届いたメールについては「昨日……旅行……」という文面から「みゆき」という人物と旅行に行ったのは間違いないはずです。また、領収書は「大阪市」で発行されたものであり、推測するとホテルに入る前に購入した物ではないかと思います。この領収書について夫は誤魔化す可能性がありますが、メールについては否認のしようがないでしょう。

まずは、夫の自尊心を傷つけないように、うまく褒めていきます。そして、浮気についても「その気持ちはわかる」という同意するような話し方をしつつ、責任を逃がしていきます（ちなみに、この攻め方は、二人の日ごろの関係性によって変わります。普段から浮気を容認している奥さんであれば発言の信憑性は高くなりますが、「浮気は絶対ダメ」とよく言っている奥さんの場合は辻褄が合わず発言の信憑性が低くなり、逆に何かを探っていることを感づかれてしまうでしょう）。

「大阪には誰と行ったの？」という質問は、核心をついています。いきなり言われたら旦那さんは驚くでしょうし、しぐさや話し方にウソのサインが現れるはずです。

そうした場合、「証拠をどのタイミングで示すか？」という問題が生じますが、夫が素直に浮気を認めたら証拠を示す必要はありません。「すべて知っている」という態度で相手の出方を探りましょう。

一方、夫が認めない場合には、決して感情的にならず「私が何も知らないで、こんなことを言うと思う？」とニコリと笑って追及を続けます。つまり、証拠を握っているからこそ、聞いているんだということを示します。それで、夫がどこまで認めるかはわかりませんが、仮にまったく認めなければスマホのロックを解除させてメールの内容を見せるように指示します。それを拒否した場合やメールが消去されていた場合には、最終的にメールの写真を夫に見せて認めさせるしかないでしょう。

いずれにしても、証拠を示すと手の内を明かすことになるので、その示し方については事前によく検討しておくべきですね。

(4) 採用面接での経歴詐称

【例　題】

あなたは、A社の採用面接官です。

今日は中途採用の二次面接の日です。自社の会議室で応募者数人の面接を一人ですることになっています。質問の内容は任されており、面接時間は一人20分程度です。実は、今日面接に来る応募者の一人であるGに経歴詐称の疑いが生じました。具体的には、本人の履歴書を見ると「○○大学経済学部卒業」と記入されていたのですが、人事担当者が念のためにインターネットで氏名を検索したところ、本人のSNSを発見し、その中で「○○大学を単位が足りなくて中退した」と投稿していたのです。

このようにGに経歴詐称の疑いが生じたのですが、会社としては一次面接の評価が高く、ぜひとも入社してほしいと思っていた応募者であり、間違いであってほしいとすら思っています。あなたなら面接で、どうやって本当のことを聞き出しますか？

【証拠と証拠価値】

本人のものと思われるＳＮＳの投稿

（氏名と顔写真が一致するので、本人のものであることが明白）→証拠価値Ｂ

【容疑性】　クロに近いグレー

【仮の処理方針】

会社の方針として、事実が間違いであれば最終面接に進ませたい。しかし、経歴詐称の事実が明らかであれば二次面接で落とす方針である。

【ヒアリング例と解説】

① ヒアリング例

•「履歴書は、よく見せてもらいました。すごい経歴ですね。ただちょっと気になる点があるんですよね。心当たりはありますか？」→（反応を見る）

•「弊社では、あなたの経歴、前の会社での実績などを伺って素晴らしいなぁと素直に思っています。私も営業歴は長いのですが、なかなかこんな短期間で、これだけの実績は出ませんよ。これも、あなたの努力の賜物と高く評価しています。また、お話ししたときの第一印象も良いし、話してみても人柄も良い。いろいろご苦労されたこともあって、人間性が滲み出ていますよね。うちみたいな会社に応募してくれて感謝しています。

私としては、あなたみたいな方にぜひ入社してもらって、弊社で働いてもらいたいと前向きに考えています。

ただ、一点気になるのは、履歴書の経歴です。履歴書には『○○大学経済学部卒業』と書かれています。記入間違いなんて誰でもあることですし、そんなことはたいした問題ではありません。弊社としては、ただ本当のことを知りたいだけなんです。あなたは誠実な方だと思いますし、人間、誰しも気の迷いで普段やらないことをやってしまうこともありますよ。ところで、大学は卒業されたんですか？」

②解説

採用面接において経歴詐称の疑いがある場合に、真実を知りたいときの事例です。経歴詐称の有無に関係なく、そもそも落とそう（採用を見送ろう）と思っていれば、そこまで気を使う必要はないと思います。しかし、会社としては、経歴詐称の疑惑がもし間違いであるならば、採用したいというケースもあると思います。

そのようなケースでは、最終的には後日、大学の卒業証明書を提出させればいいわけですが、他の応募者との関係などにより面接ではっきりさせたい場合には、先ほどのヒアリング例のような聞き方になるでしょう。

すなわち、相手のプライドを傷つけず、人間なら間違いを犯すこともあると責任を逃がし、真実を話しやすい環境をつくって自発的に経歴を詐称したことを認めるように誘導していきます。それでも、本人が否認した場合には、SNSの投稿の証拠を示して事実確認を行なっても良いと思います。それで、本人が「その投稿は間違いだ」と主張するのであれば、卒業証明書を提出してもらうように促せばいいでしょう。

仮に経歴詐称が事実であった場合、ヒアリング例のような言い方をされれば本人も「会社側は何らかの証拠を握っている」と察する可能性が極めて高いので、通常は素直に認めるはずです。それでも事実を隠して否認する場合には、人間性に問題があると言えるので、採用は見送るべきでしょう。

(5) 会社の商品を横領した社員

【例　題】

あなたは、自動車部品メーカーB社の工場長です。

工場勤務をしている社員dは、人気《ひとけ》のない時間帯を見計らって工場内の商品を勝手に持ち出し、ネットオークションで売りに出しているという疑いが発生しました。商品は自動車部品ですが、マニアの間では人気があり、調べただけでも10個程度がオークションに出品され、一個数万円で落札されていました。社員dが横領しているという根拠は、以前から用もないのに休日に工場に来てウロウロしていたり、金使いが荒いなどの素行に問題があったりする程度で、証拠らしいものはありません。

真相を解明するために、社員dから直接話を聞きたいと思いますが、どうやって真実を聞き出しますか？

【証拠と証拠価値】

休日に出勤している程度の状況証拠と素行が悪いという噂程度の話　↓　証拠価値C

【容疑性】　薄いグレー

【仮の処理方針】

これが事実であれば、退職勧奨して辞めさせたい。

【ヒアリング例と解説】

① ヒアリング例

- 「たまに休日、会社に来ているみたいだけど、何しに来ているの？」

↓　（反応を見る）

- 「会社の部品がオークションに出品されているって話を聞いたことがある？」

↓　（反応を見る）

●「会社のみんなが、どこまで知っているのかを確認したくて一応、社員全員に聞いているんだけどね。何か心当たりはある？」　↓　（反応を見る）

●「d君は入社10年目だったよね。新入社員のころから無断欠勤もなく、真面目に働いてくれているよね。このまえ、社長と君の話になったんだけど、社長も君のことを高く評価しているみたいで褒めていたよ。後輩からの評判も良いしね。君は知らないかもしれないけど、君のチームの後輩連中は『君を兄貴分だと思って頼っている』って言っていたよ。

ところで、工場内の部品が勝手に持ち出されて、オークションにかけられているみたいなんだよね。人間なんてストレスが溜まると、普段やらないことをやったりするじゃない。会社の給料も決して高くないし、小遣いだって足りなくなることもあるだろうから、手っ取り早くオークションに出したらお金になるしね。目の前にあれば、そんな気になっちゃうのもよくわかるよ。

うちの場合、私が言うのもなんだけど、部品の管理がしっかりできていないんだよ。前にも、こんなことがあってね、今回だけじゃないんだよ。そもそも会社の管理の問題もあるんだよね。だから、やった人だけの責任じゃないと私は思うんだ。会社としては、事実を知りたいだけなんですよ。検査していない部品が外部に出るのはうまくないからね。d君は何か知らないかい?」

② 解説

この事案は、とにかく証拠らしい証拠がないケースです。とは言っても、事案の悪質性を考えると、犯人を見つけ出さないといけません。本来は、ヒアリングを実施する前に対象者を泳がして再度、証拠収集をして新たな証拠を入手してからヒアリングに臨む方法がベターだとは思います。

しかし、例えば対象者を泳がしたけれども証拠が見つからなかった場合や、行為自体を早く止めさせたい場合などには、確かな証拠がない状況でヒアリングを行なわざるを得ないこともあります。その場合の聞き出し方をヒアリング例に記述しています。

証拠がないので、非常に難しいヒアリングになるのは言うまでもありません。相手は証拠を突きつけられれば素直に認めるかもしれませんが、証拠もないのに認めさせるのは至難の技です。下手をすると、名誉棄損で訴える者もいるかもしれません。ですから、聞き方には細心の注意を払うべきです。

ヒアリング例では、「社員全員に聞いている」ということで、疑いを分散させて、それとなく聞いています。この聞き方で真実を話すかどうかは、本人次第でしょう。かなり厳しい局面です。ただ、なんとなく聞くよりは確率が上がるはずですし、証拠を示さなくても相手によっては、正直に話す者もいるかもしれません。１つの賭けで勝負してみる価値はあると思います。

いずれにしても、相手が言いたくないことを聞き出すには、やはり証拠が非常に重要な役割を担い、それに加えてヒアリングをする側の聞き方にも工夫が必要になるということです。

刑事の雑談⑦

Q 一般社団法人日本刑事技術協会の今後の活動について教えてください。

A 元刑事の知識、経験を民間で活用することをコンセプトとして、いろいろな活動を行なっていきたいと思っています。

まず、講演・研修で民間企業に役職員の学びの場を提供します。そのうえで専門的な知識が要求される採用面接における採ってはいけない人物の見抜き方（質問とSNS調査術）や、社内不正の処理方法などもセミナー、コンサルティングなどで指導していきます。

また、全国初のウソの見抜き方検定や、職業体験として刑事の体験ができるイベント、デザイン性に優れた警察グッズの販売など、アイデアとして考えつくものはすべて実現していきたいと思っています。近い将来、民間企業、団体で何かお困り事がある際には当協会を思い出していただき、その問題を一緒に解決していければと考えています。

なお、当協会では専門性のある元刑事をスカウトしています。諸条件はありますが、基本的に10年以上の現場経験があり、我々の活動に共感し、セカンド・キャリアとして活躍の場を求めている方を必要としています。お気軽に、お問い合わせください。

おわりに

本書を最後までお読みいただきまして、ありがとうございました。

さて、筆者は警察を退職し独立して7年になりました。独立当時は珍しかった元刑事の専門家というポジションも今や珍しくない時代になり、テレビや雑誌などのメディアで元刑事たちが活躍しているのを見る機会が多くなりました。「時代は変わりつつあるなぁ」と実感しつつ、人生100年時代のセカンド・キャリアを筆者も楽しんでいます。

相変わらず、「ビジネスで役立つウソの見抜き方」という演題を中心に全国で講演活動を行なっておりますが、最近では、社内の不正処理方法についてセミナーを開催したり、コンサルティングをしたりする機会が増えてきました。どこの会社でも多かれ少なかれ抱えているのは社内の不正問題ですが、ほとんどの会社の方々は効果的な取調べ術（ヒアリング術）を知りません。証拠収集も不十分なまま、疑いがかかった対象役職員の取調べをして否認され、「さて、どうしようか？」と頭を抱えているのです。

弁解を崩すのも、ウソを見破るのも、真実を語らせるのも「証拠」次第です。証拠がなければ、誤魔化されて終わりです。そうならないために、まずは証拠とは何かということを知ってもらう必要があり、またその証拠を使って、どうやって取調べ（ヒアリング）を進めればいいのか、それを知ってほしかったわけです。特に、中小企業の経営者、役員、人事部門や監査部門の担当者の方々には、この取調べ術は必須のスキルなのです。

また、取調べを行なう機会のない一般の方にとっても〝刑事の落とし方〟と聞いて「○○に役立ちそうだ」なんて、ピンとくる方は少ないかもしれません。そもそも、取調べに縁がない方がほとんどでしょうし、刑事など警察関係者でもない限り、事実を認めさせて自供させるという場面はなかなかイメージできないはずです。

しかし、日常生活を振り返ってみると、それに似たような場面、例えば結婚した相手が浮気していたり、子供がウソをついたりするケースが結構あるわけです。そうした場面で、怪しい相手から真実を聞き出すスキルは、ビジネスでも日常生活でも役に立つコミュニケーションスキルです。このスキルを使って、真相を究明していただきたいのです。

さて今回、編集の労を取ってくださった日本実業出版社の編集部の皆様には大変お世話になりました。深く感謝します。そして、同社を紹介していただいた谷 厚志さん、本当にありがとうございました。最後に筆者を応援してくれたすべての方々にお礼を申し上げます！　元刑事、まだまだ頑張ります‼

2020年4月

森 透匡

参考文献

・『元刑事が教える　ウソと心理の見抜き方』森透匡、明日香出版社
・『「ホンネ」を引き出す質問力』堀公俊、ＰＨＰ研究所
・『マンウォッチング』デズモンド・モリス（藤田統訳）、小学館
・『交渉に使えるＣＩＡ流　真実を引き出すテクニック』フィリップ・ヒューストン、マイケル・フロイド、スーザン・カルニセロ、ピーター・ロマリー、ドン・テナント（鈴木淑美訳）、創元社
・『自己開示の心理学的研究』榎本博明、北大路書房
・『オウムと私』林郁夫、文藝春秋
・『役員・従業員の不祥事対応の実務』尾崎恒康（監修・執筆）、レクシスネクシス・ジャパン
・『非言語コミュニケーション』マジョリー・Ｆ・ヴァーガス（石丸正訳）、新潮社
・『初対面で相手の心を開く！　46のルール』内藤誼人、ＰＨＰ研究所
・『世界№１執事が教える〝信頼の法則〟』新井直之、ＫＡＤＯＫＡＷＡ

森　透匡（もり　ゆきまさ）
一般社団法人日本刑事技術協会 代表理事、経営者の「人の悩み」解決コンサルタント。
警察の元警部。詐欺、横領、贈収賄事件等を扱う知能・経済犯担当の刑事を約20年経験。東日本大震災を契機に独立し、刑事として職務上体得したスキル、知識を用いてビジネスの発展と社会生活の向上に寄与することを目的とし、一般社団法人日本刑事技術協会を設立。現在は代表理事として「ウソや人間心理の見抜き方」を主なテーマに大手企業、経営者団体など毎年全国180か所以上で講演・企業研修を行い、これまで７万人以上が聴講、「究極の心理学だ！」「おもしろい！」と人気を博している。
TBS「ビビット」、日本テレビ「月曜から夜ふかし」、読売新聞、日本経済新聞などメディアへの出演多数。著書に『元刑事が教える ウソと心理の見抜き方』（明日香出版社）がある。

元《もと》知《ち》能《のう》犯《はん》担《たん》当《とう》刑《けい》事《じ》が教《おし》える
ウソや隠《かく》し事《ごと》を暴《あば》く全《ぜん》技《ぎ》術《じゅつ》

2020年５月20日　初 版 発 行
2022年12月１日　第２刷発行

著　者　森　透匡
発行者　杉本淳一

発行所　株式会社日本実業出版社　東京都新宿区市谷本村町３−29 〒162-0845
編集部　☎03-3268-5651
営業部　☎03-3268-5161　振　替　00170−1−25349
https://www.njg.co.jp/

印 刷／理 想 社　　製 本／若林製本

この本の内容についてのお問合せは、書面かFAX（03−3268−0832）にてお願い致します。
落丁・乱丁本は、送料小社負担にて、お取り替え致します。

ISBN 978-4-534-05781-5 Printed in JAPAN